Zonnige smaken uit de Mediterrane keuken 2023

Ontdek de heerlijke wereld van de Mediterrane keuken en leer koken als een echte chef-kok

Antonio Cavati

Samenvatting

Mediterraan pitabroodje 9

Hummus Gevuld Ei 11

Boekweitmuffins met appel en rozijnen 14

Muffins met pompoenzemelen 16

Boekweit Karnemelk Pannenkoeken 18

Wentelteefjes met amandelen en perzikcompote 19

Bessenhavermout met zoete vanillecrème 20

Crêpe van chocolade en aardbei 23

Quiche van asperges en ham 25

Appel Kaas Scones 27

Spek en ei 29

Sinaasappel-cranberry muffin 31

14. Gebakken Gember Havermout Met Peren Topping 32

Vegetarische omelet op Griekse wijze 33

Zomerse smoothie 35

Ham en ei pitabroodjes 36

Couscous als ontbijt 38

Perziksalade Voor Het Ontbijt 40

Gezouten haver 41

Tahini en appeltoast 42

Roerei Basilicum 43

Griekse aardappelen en eieren 44

Smoothie van avocado en honing 46

Plantaardige Omelet 47

Mini sla wraps 49

Curry Appel Couscous 50

Vlaai Van Lam En Groenten 51

Bot met kruiden 53

Bloemkool quinoa 54

Smoothie van mango-peren 55

spinazie omelet 56

Amandel pannenkoeken 58

Quinoa Fruitsalade 60

Aardbeien rabarber smoothie 61

Gerst pap 62

Pompoensmoothie van peperkoek 63

Groen sap 63

Smoothie met noten en dadels 65

Fruitmilkshake 66

Chocolade bananensmoothie 67

Yoghurt met bosbessen, honing en munt 68

Parfait met bessen en yoghurt 69

Havermout met bessen en zonnebloempitten 70

Snelle amandel- en esdoornkorrel 71

Banaan Haver 73

Broodje Ontbijt 74

Ochtend couscous 76

Smoothie van avocado en appel 78

Mini-omelet 79

Havermout met zongedroogde tomaten 81

Ei op avocado 82

Brekky Ei-aardappelhasj	84
Tomaat En Basilicumsoep	86
Pompoenhummus	88
Ham-muffins	89
Spelt Salade	90
Bosbessen en dadels	91
Linzen En Cheddar Omelet	92
Boterham met tonijn	94
Spelt Salade	95
Salade van kikkererwten en courgette	97
Provençaalse artisjoksalade	99
Bulgaarse salade	101
Kommetje falafelsalade	103
Makkelijke Griekse Salade	105
Rucolasalade met vijgen en walnoten	107
Bloemkoolsalade Met Tahini Vinaigrette	109
Mediterrane Aardappelsalade	111
Quinoa en pistachesalade	113
Komkommer Kipsalade Met Pittige Pindadressing	115
Plantaardige Paella	116
Aubergine En Rijst Braadpan	118
couscous met groenten	121
Kushari	124
Bulgur met tomaten en kikkererwten	127
Macaroni Van Makreel	129
Macaroni Met Kersentomaten En Ansjovis	131
Risotto met citroen en garnalen	133

Spaghetti met kokkels	135
Griekse Vissoep	137
Venusrijst Met Garnalen	139
Pennette zalm en wodka	141
Zeevruchten carbonara	143
Garganelli met courgette en garnalenpesto	145
Zalm rijst	148
Pasta met kerstomaatjes en ansjovis	150
Orecchiette Broccoli En Worst	152
Risotto Radicchio En Gerookt Bacon	154
Pasta alla Genovese	156
Napolitaanse bloemkoolpasta	159
Pasta en Bonen Sinaasappel en Venkel	161
Citroenspaghetti	163
Kruidige Groente Couscous	164
Gekruide Gebakken Rijst Met Venkel	166
Marokkaanse couscous met kikkererwten	168
Vegetarische Paella Met Sperziebonen En Kikkererwten	170
Knoflookgarnalen met tomaten en basilicum	172
Garnalen paella	174
Linzensalade met olijven, munt en fetakaas	176
Kikkererwten Met Knoflook En Peterselie	178
Gestoofde kikkererwten met aubergines en tomaten	180
Griekse rijst met citroen	182
Rijst met aromatische kruiden	184
Mediterrane rijstsalade	186
Verse Bonen En Tonijnsalade	188

Heerlijke Kippenpasta 190

Mediterrane taco's 192

Lekkere mac en kaas..194

Komkommer olijf rijst 196

Aromatische Kruiden Risotto 198

Heerlijke Pasta Primavera 200

Pasta Geroosterde Paprika 202

Kaas Basilicum Tomaat Rijst 204

Pasta met tonijn 206

Gemengde Sandwiches Avocado en Turkije 208

Kip met komkommer en mango 210

Fattoush - brood uit het Midden-Oosten 212

Glutenvrije Knoflook & Tomaat Focaccia 214

Gegrilde burger met champignons..216

Mediterrane Baba Ghanoush 218

Mediterraan pitabroodje

Bereidingstijd: 22 minuten

Kooktijd: 3 minuten

Porties: 2

Moeilijkheidsgraad: makkelijk

Ingrediënten:

- 1/4 kopje zoete rode paprika
- 1/4 kopje gehakte ui
- 1 kopje eiervervanger
- 1/8 theelepel zout
- 1/8 theelepel peper
- 1 tomaat in kleine stukjes gesneden
- 1/2 kopje verse gescheurde babyspinazie
- 1-1/2 theelepels gehakte verse basilicum
- 2 hele pita's
- 2 eetlepels verkruimelde fetakaas

Indicaties:

Smeer een kleine koekenpan met anti-aanbaklaag in met kookspray. Roer de ui en rode paprika er 3 minuten door op middelhoog vuur. Voeg de eiervervanger toe en breng op smaak met zout en peper. Roer tot het stolt. Meng de gehakte spinazie, de gehakte tomaten en de gehakte basilicum. Giet over de focaccia. Top groentemengsel met je eimengsel. Werk af met verkruimelde fetakaas en serveer direct.

Voeding (per 100g): 267 calorieën 3 g vet 41 g koolhydraten 20 g eiwit 643 mg natrium

Hummus Gevuld Ei

Bereidingstijd: 10 minuten

Kooktijd: 0 minuten

Porties: 6

Moeilijkheidsgraad: makkelijk

Ingrediënten:

- 1/4 kop in blokjes gesneden komkommer
- 1/4 kopje fijngesneden tomaat
- 2 theelepels vers citroensap
- 1/8 theelepel zout
- 6 gepelde hardgekookte eieren, in de lengte gehalveerd
- 1/3 kopje geroosterde knoflookhummus of elke smaak hummus
- Gehakte verse peterselie (optioneel)

Indicaties:

Combineer de tomaat, citroensap, komkommer en zout en meng voorzichtig. Schraap de dooiers uit de gehalveerde eieren en bewaar voor later gebruik. Schep een flinke theelepel humus in elk half ei. Bestrooi met de peterselie en 1/2 theelepel van het tomaten-komkommermengsel. Serveer onmiddellijk

Voeding (per 100g): 40 calorieën 1g vet 3g koolhydraten 4g

Gerookte Zalm Roerei

Bereidingstijd: 2 minuten

Kooktijd: 8 minuten

Porties: 4

Moeilijkheidsgraad: gemiddeld

Ingrediënten:

- 16 ons eiervervanger, cholesterolvrij
- 1/8 theelepel zwarte peper
- 2 eetlepels gesneden groene uien, bewaar toppen
- 1 ounce koude magere roomkaas, in blokjes van 1/4 inch gesneden
- 2 ons gerookte zalmvlokken

Indicaties:

Snijd de koude roomkaas in blokjes van ¼ inch en zet apart. Klop de eiervervanger en peper los in een grote kom. Smeer een koekenpan met anti-aanbaklaag in met kookspray op middelhoog vuur. Roer de eiervervanger erdoor en kook 5 tot 7 minuten of tot het begint te stollen, af en toe roeren en de bodem van de pan schrapen.

Roer de roomkaas, groene uien en zalm erdoor. Blijf koken en roer nog 3 minuten of totdat de eieren nog vochtig maar gaar zijn.

Voeding (per 100g): 100 calorieën 3 g vet 2 g koolhydraten 15 g eiwit 772 mg natrium

Boekweitmuffins met appel en rozijnen

Bereidingstijd: 24 minuten

Kooktijd: 20 minuten

Porties: 12

Moeilijkheidsgraad: gemiddeld

Ingrediënten:

- 1 kopje bloem voor alle doeleinden
- 3/4 kop boekweitmeel
- 2 eetlepels bruine suiker
- 1 en een halve theelepel bakpoeder
- 1/4 theelepel zuiveringszout
- 3/4 kopje magere karnemelk
- 2 eetlepels olijfolie
- 1 groot ei
- 1 kop in blokjes gesneden verse appels, geschild en klokhuis verwijderd
- 1/4 kopje gouden rozijnen

Indicaties:

Bereid de oven voor op 375 graden F. Bekleed een muffinpan met 12 kopjes met anti-aanbakspray of papieren vormpjes. Aan de kant leggen. Combineer alle droge ingrediënten in een mengkom. Aan de kant leggen.

Klop de vloeibare ingrediënten glad. Breng het vloeibare mengsel over naar het bloemmengsel en roer tot het bevochtigd is. Voeg de in blokjes gesneden appels en rozijnen toe. Vul elke muffinbeker ongeveer 2/3 vol met het mengsel. Kook tot ze goudbruin zijn. Gebruik de tandenstokertest. Dienen.

Voeding (per 100g): 117 calorieën 1 g vet 19 g koolhydraten 3 g eiwit 683 mg natrium

Muffins met pompoenzemelen

Bereidingstijd: 20 minuten

Kooktijd: 20 minuten

Porties: 22

Moeilijkheidsgraad: gemiddeld

Ingrediënten:

- 3/4 kopje bloem voor alle doeleinden
- 3/4 kopje volkoren meel
- 2 eetlepels suiker
- 1 eetlepel bakpoeder
- 1/8 theelepel zout
- 1 theelepel pompoentaartkruiden
- 2 kopjes ontbijtgranen met 100% zemelen
- 1 en een half kopje magere melk
- 2 eiwitten
- 15 oz x 1 blikje pompoen
- 2 eetlepels avocado-olie

Indicaties:

Verwarm de oven voor op 400 graden Fahrenheit. Bereid een muffinvorm genoeg voor 22 muffins en bekleed deze met anti-aanbakspray. Meng de eerste vier ingrediënten tot gecombineerd. Aan de kant leggen.

Meng in een grote kom de melk en de zemelengranen en laat 2 minuten staan of tot de cornflakes zacht worden. Voeg de olie, het eiwit en de pompoen toe aan het zemelenmengsel en meng goed. Giet het bloemmengsel erbij en meng goed.

Verdeel het beslag gelijkmatig over de muffinvorm. Bak gedurende 20 minuten. Haal de muffins uit de pan en serveer warm of gekoeld.

Voeding (per 100g): 70 calorieën 3 g vet 14 g koolhydraten 3 g eiwit 484 mg natrium

Boekweit Karnemelk Pannenkoeken

Bereidingstijd: 2 minuten

Kooktijd: 18 minuten

Porties: 9

Moeilijkheidsgraad: makkelijk

Ingrediënten:

- 1/2 kopje boekweitmeel
- 1/2 kopje bloem voor alle doeleinden
- 2 theelepels bakpoeder
- 1 theelepel bruine suiker
- 2 eetlepels olijfolie
- 2 grote eieren
- 1 kopje magere karnemelk

Indicaties:

Combineer de eerste vier ingrediënten in een kom. Voeg de olie, karnemelk en eieren toe en mix tot een gladde massa. Plaats de bakplaat op middelhoog vuur en spuit met anti-aanbakspray. Giet ¼ kopje beslag in de pan en bak 1-2 minuten per kant of tot ze goudbruin zijn. Serveer onmiddellijk.

Voeding (per 100g): 108 calorieën 3 g vet 12 g koolhydraten 4 g eiwit 556 mg natrium

Wentelteefjes met amandelen en perzikcompote

Bereidingstijd: 10 minuten
Kooktijd: 15 minuten
Porties: 4
Moeilijkheidsgraad: makkelijk

Ingrediënten:

- <u>Samengesteld:</u>
- 3 eetlepels suikervervanger, gemaakt van sucralose
- 1/3 kopje + 2 eetlepels water, verdeeld
- 1 1/2 kopjes vers gepelde of bevroren perziken, ontdooid en uitgelekt, in plakjes
- 2 eetlepels perzikspread, zonder toegevoegde suikers
- 1/4 theelepel gemalen kaneel
- <u>Amandel wentelteefjes</u>
- 1/4 kopje magere (magere) melk
- 3 eetlepels suikervervanger, gemaakt van sucralose
- 2 hele eieren
- 2 eiwitten
- 1/2 theelepel amandelextract
- 1/8 theelepel zout
- 4 sneetjes meergranenbrood
- 1/3 kop gesneden amandelen

Indicaties:

Om de compote te maken, lost u 3 eetlepels sucralose op in 1/3 kopje water in een middelgrote pan op middelhoog vuur. Voeg de perziken toe en breng aan de kook. Zet het vuur laag en laat nog 5 minuten onafgedekt sudderen of tot de perziken zacht zijn.

Combineer het resterende water en de fruitspread en roer de perziken door de pan. Kook nog een minuut of tot de siroop dikker wordt. Haal van het vuur en voeg de kaneel toe. Dek af om warm te blijven.

Om wentelteefjes te maken. Combineer de melk en sucralose in een grote diepe schaal en klop tot het volledig is opgelost. Voeg de eiwitten, eieren, amandelextract en zout toe. Doop beide kanten van de sneetjes brood in het eimengsel gedurende 3 minuten of tot ze volledig doorweekt zijn. Bestrooi beide kanten met gesneden amandelen en druk stevig aan om te hechten.

Bestrijk de koekenpan met anti-aanbaklaag met kookspray en zet op middelhoog vuur. Bak de sneetjes brood op de bakplaat gedurende 2 tot 3 minuten aan beide kanten of tot ze lichtbruin zijn. Serveer met de perzikcompote erop.

Voeding (per 100g): 277 calorieën 7 g vet 31 g koolhydraten 12 g eiwit 665 mg natrium

Bessenhavermout met zoete vanillecrème

Bereidingstijd: 5 minuten

Kooktijd: Vijf minuten

Porties: 4

Moeilijkheidsgraad: makkelijk

Ingrediënten:

- 2 kopjes water
- 1 kopje snelkokende haver
- 1 eetlepel suikervervanger op basis van sucralose
- 1/2 theelepel gemalen kaneel
- 1/8 theelepel zout
- <u>Room</u>
- 3/4 kop vetvrij half en half
- 3 eetlepels suikervervanger op basis van sucralose
- 1/2 theelepel vanille-extract
- 1/2 theelepel amandelextract
- <u>Specerijen</u>
- 1 1/2 kopjes verse bosbessen
- 1/2 kopje verse of bevroren en ontdooide frambozen

Indicaties:

Breng het water aan de kook en voeg de havermout toe. Zet het vuur laag terwijl je de haver onafgedekt kookt gedurende 2 minuten of tot hij ingedikt is. Haal van het vuur en roer de suikervervanger, zout en kaneel erdoor. Klop in een middelgrote kom alle ingrediënten voor de room samen tot ze goed gemengd zijn. Schep de gekookte havermout in 4 gelijke porties en giet de zoete room erover. Werk af met de bessen en serveer.

Voeding (per 100g): 150 calorieën 5 g vet 30 g koolhydraten 5 g eiwit 807 mg natrium

Crêpe van chocolade en aardbei

Bereidingstijd: 5 minuten

Kooktijd: 10 minuten

Porties: 4

Moeilijkheidsgraad: makkelijk

Ingrediënten:

- 1 kopje 00 zacht tarwemeel
- 2/3 kopje magere melk (1%)
- 2 eiwitten
- 1 ei
- 3 eetlepels suiker
- 3 eetlepels ongezoet cacaopoeder
- 1 eetlepel afgekoelde gesmolten boter
- 1/2 theelepel zout
- 2 theelepels koolzaadolie
- 3 eetlepels aardbeienspread
- 3 1/2 kopjes ontdooide of in plakjes gesneden verse aardbeien
- 1/2 kopje ontdooide vetvrije bevroren slagroom topping
- Verse muntblaadjes (indien gewenst)

Indicaties:

Combineer de eerste acht ingrediënten in een grote kom tot een glad en goed gemengd mengsel.

Borstel ¼ theelepel olie op een kleine koekenpan met anti-aanbaklaag op middelhoog vuur. Giet ¼ kopje van het beslag in het midden en roer om de pan met het beslag te bedekken.

Bak gedurende een minuut of tot de crêpe ondoorzichtig is en de randen droog zijn. Draai naar de andere kant en kook nog een halve minuut. Herhaal het proces met het resterende mengsel en de olie.

Schep ¼ kopje ontdooide aardbeien in het midden van de crêpe en pedaal tot de vulling bedekt is. Werk af met 2 eetlepels slagroom en garneer voor het serveren met munt.

Voeding (per 100g): 334 calorieën 5 g vet 58 g koolhydraten 10 g eiwit 678 mg natrium

Quiche van asperges en ham

Bereidingstijd: 5 minuten

Kooktijd: 42 minuten

Porties: 6

Moeilijkheidsgraad: makkelijk

Ingrediënten:

- 2 1/2-inch kopjes gesneden asperges
- 1 fijngehakte rode peper
- 1 kop melk, mager (1%)
- 2 eetlepels zachte tarwebloem 00
- 4 eiwitten
- 1 ei, heel
- 1 kopje gehakte gekookte ham
- 2 eetlepels dragon of gehakte verse basilicum
- 1/2 theelepel zout (optioneel)
- 1/4 theelepel zwarte peper
- 1/2 kopje Zwitserse kaas, fijngehakt

Indicaties:

Verwarm de oven voor op 350 graden F. Magnetron paprika en asperges in een eetlepel water op HIGH gedurende 2 minuten. Droogleggen. Klop de bloem en melk erdoor en voeg dan het ei en het eiwit toe tot alles goed gemengd is. Voeg de groenten en de andere ingrediënten behalve de kaas toe.

Giet in een 9-inch taartvorm en bak gedurende 35 minuten. Strooi de kaas over de quiche en bak nog 5 minuten of tot de kaas gesmolten is. Laat 5 minuten afkoelen en snij dan in 6 partjes om te serveren.

Voeding (per 100g): 138 calorieën 1 g vet 8 g koolhydraten 13 g eiwit 588 mg natrium

Appel Kaas Scones

Bereidingstijd: 20 minuten

Kooktijd: 15 minuten

Porties: 10

Moeilijkheidsgraad: gemiddeld

Ingrediënten:

- 1 kopje bloem voor alle doeleinden
- 1 kopje volkoren meel, wit
- 3 eetlepels suiker
- 1 en een halve theelepel bakpoeder
- 1/2 theelepel zout
- 1/2 theelepel gemalen kaneel
- 1/4 theelepel zuiveringszout
- 1 in blokjes gesneden Granny Smith-appel
- 1/2 kopje geraspte scherpe cheddar kaas
- 1/3 kopje appelmoes, naturel of ongezoet
- 1/4 kopje melk, magere (magere)
- 3 eetlepels gesmolten boter
- 1 ei

Indicaties:

Bereid de oven voor op 425 graden F. Bereid de bakplaat voor door deze te bekleden met bakpapier. Combineer alle droge ingrediënten in een kom en meng. Voeg de kaas en appel toe. Aan de kant leggen. Klop alle natte ingrediënten door elkaar. Giet het droge mengsel erover tot het gemengd is en verandert als een plakkerig deeg.

Kneed het deeg ongeveer 5 keer op een met bloem bestoven werkvlak. Dep en rek dan uit tot een cirkel van 20 cm. Snijd in 10 diagonale sneden.

Op bakplaat leggen en inspuiten met bakspray. Bak gedurende 15 minuten of tot ze lichtbruin zijn. Dienen.

Voeding (per 100g): 169 calorieën 2 g vet 26 g koolhydraten 5 g eiwit 689 mg natrium

Spek en ei

Bereidingstijd: 15 minuten

Kooktijd: 15 minuten

Porties: 4

Moeilijkheidsgraad: makkelijk

Ingrediënten:

- 1 kopje eiervervanger, geen cholesterol
- 1/4 kop Parmezaanse kaas, versnipperd
- 2 sneetjes in blokjes gesneden Canadees spek
- 1/2 theelepel rode pepersaus
- 1/4 theelepel zwarte peper
- 4x7-inch volkoren tortilla's
- 1 kopje babyspinazieblaadjes

Indicaties:

Verwarm de oven voor op 325 graden F. Combineer de eerste vijf ingrediënten om de vulling te maken. Giet het mengsel in een 9-inch glazen ovenschaal besproeid met kookspray met botersmaak.

Laat 15 minuten koken of tot de eieren gestold zijn. Draai uit. Zet de tortilla's een minuut in de oven. Snijd het gebakken eimengsel in vieren. Schik een kwart in het midden van elke tortilla en bedek met 1/4 kopje spinazie. Vouw de tortilla van onder naar het midden en dan beide kanten naar het midden om te omsluiten. Serveer onmiddellijk.

Voeding (per 100g): 195 calorieën 3 g vet 20 g koolhydraten 15 g eiwit 688 mg natrium

Sinaasappel-cranberry muffin

Bereidingstijd: 10 minuten

Kooktijd: 10-25 minuten

Porties: 12

Moeilijkheidsgraad: gemiddeld

Ingrediënten:

- 1 3/4 kopjes bloem voor alle doeleinden
- 1/3 kopje suiker
- 2 en een halve theelepel bakpoeder
- 1/2 theelepel zuiveringszout
- 1/2 theelepel zout
- 1/2 theelepel gemalen kaneel
- 3/4 kopje melk, magere (magere)
- 1/4 kopje boter
- 1 ei, groot, licht losgeklopt
- 3 eetlepels ontdooid sinaasappelsapconcentraat
- 1 theelepel vanille
- 3/4 kop verse bosbessen

Indicaties:

Verwarm de oven voor op 400 graden F. Volg boekweit-, appel- en rozijnenmuffin stappen 2 tot en met 5. Vul muffinbekers ¾ vol met mengsel en bak gedurende 20 tot 25 minuten. Laat 5 minuten afkoelen en serveer warm.

Voeding (per 100g): 149 calorieën 5 g vet 24 g koolhydraten 3 g eiwit 518 mg natrium

14. Gebakken Gember Havermout Met Peren Topping

Bereidingstijd: 10 minuten
Kooktijd: 15 minuten
Porties: 2
Moeilijkheidsgraad: makkelijk

Ingrediënten:

- 1 kopje ouderwetse haver
- 3/4 kopje melk, magere (magere)
- 1 eiwit
- 1 1/2 theelepel geraspte gember, vers of 3/4 theelepel gemalen gember
- 2 eetlepels bruine suiker, verdeeld
- 1/2 rijpe peer in blokjes

Indicaties:

Spray 2 6-ounce ramekins met anti-aanbakspray. Bereid de oven voor op 350 graden F. Combineer de eerste vier ingrediënten en een eetlepel suiker en meng dan goed. Giet gelijkmatig tussen de 2 vormpjes. Werk af met plakjes peer en de resterende lepel suiker. Bak gedurende 15 minuten. Heet opdienen.

Voeding (per 100g): 268 calorieën 5 g vet 2 g koolhydraten 10 g eiwit 779 mg natrium

Vegetarische omelet op Griekse wijze

Bereidingstijd: 10 minuten

Kooktijd: 20 minuten

Porties: 2

Moeilijkheidsgraad: makkelijk

Ingrediënten:

- 4 grote eieren
- 2 eetlepels magere melk
- 1/8 theelepel zout
- 3 theelepels olijfolie, verdeeld
- 2 kopjes Portobello baby, in plakjes
- 1/4 kop fijngehakte ui
- 1 kopje verse babyspinazie
- 3 eetlepels fetakaas, verkruimeld
- 2 eetlepels rijpe olijven, in plakjes
- Vers gemalen peper

Indicaties:

Klop de eerste drie ingrediënten door elkaar. Meng 2 eetlepels olie in een koekenpan met anti-aanbaklaag op middelhoog vuur. Fruit de uien en champignons 5-6 minuten of tot ze goudbruin zijn. Roer de spinazie erdoor en kook. Haal het mengsel uit de pan.

Verhit met dezelfde koekenpan de resterende olie op middelhoog vuur. Giet het eimengsel erin en zodra het begint te stollen, duw je de randen naar het midden om het ongekookte mengsel te laten stromen. Als de kuit is gestold, schep je het groentemengsel aan de kant. Bestrooi met de olijven en feta en vouw de andere kant dicht. Halveer en bestrooi met peper om te serveren.

Voeding (per 100g): 271 calorieën 2 g vet 7 g koolhydraten 18 g eiwit 648 mg natrium

Zomerse smoothie

Bereidingstijd: 8 minuten

Kooktijd: 0 minuten

Porties: 2

Moeilijkheidsgraad: makkelijk

Ingrediënten:

- 1/2 banaan, gepeld
- 2 kopjes aardbeien, gehalveerd
- 3 eetlepels munt, gehakt
- 1 1/2 kopje kokoswater
- 1/2 avocado, ontpit en geschild
- 1 dadel, gehakt
- IJsblokjes naar behoefte

Indicaties:

Doe alles in een blender en mix tot een gladde massa. Voeg ijsblokjes toe om te verdikken en serveer gekoeld.

Voeding (per 100g): 360 calorieën 12 g vet 5 g koolhydraten 31 g eiwit 737 mg natrium

Ham en ei pitabroodjes

Bereidingstijd: 5 minuten
Kooktijd: 15 minuten
Porties: 4
Moeilijkheidsgraad: makkelijk

Ingrediënten:

- 6 eieren
- 2 sjalotten, fijngehakt
- 1 theelepel olijfolie
- 1/3 kopje gerookte ham, gehakt
- 1/3 kopje zoete groene paprika, gehakt
- 1/4 kopje brie-kaas
- Zeezout en zwarte peper naar smaak
- 4 slablaadjes
- 2 Pitabroodjes, volkoren

Indicaties:

Verhit de olijfolie in een koekenpan op middelhoog vuur. Voeg de sjalotten en groene peper toe en bak gedurende vijf minuten, vaak roerend.

Pak een kom en klop de eieren los, bestrooi met zout en peper. Zorg dat de eieren goed losgeklopt zijn. Doe de eieren in de pan en roer de ham en kaas erdoor. Meng goed en kook tot het mengsel dikker wordt. Snijd de broodjes doormidden en open de zakken.

Verspreid een theelepel mosterd in elke zak en leg er een blaadje sla op. Verdeel het eimengsel erover en serveer.

Voeding (per 100g): 610 calorieën 21 g vet 10 g koolhydraten 41 g eiwit 807 mg natrium

Couscous als ontbijt

Bereidingstijd: 5 minuten
Kooktijd: 15 minuten
Porties: 4
Moeilijkheidsgraad: gemiddeld

Ingrediënten:

- 3 kopjes melk, vetarm
- 1 kaneelstokje
- 1/2 kopje abrikozen, gedroogd en gehakt
- 1/4 kop krenten, gedroogd
- 1 kop couscous, rauw
- Een snufje zeezout, prima
- 4 theelepels boter, gesmolten
- 6 theelepels bruine suiker

Indicaties:

Verhit een koekenpan met melk en kaneel op middelhoog vuur. Laat drie minuten koken voordat je de pan van het vuur haalt.

Voeg de abrikozen, couscous, zout, krenten en suiker toe. Meng goed en dek af. Laat het opzij en laat het vijftien minuten rusten.

Roer het kaneelstokje erdoor en verdeel het over de kommen. Bestrooi voor het serveren met bruine suiker.

Voeding (per 100g): 520 calorieën 28 g vet 10 g koolhydraten 39 g eiwit 619 mg natrium

Perziksalade Voor Het Ontbijt

Bereidingstijd: 10 minuten
Kooktijd: 0 minuten
Porties: 1
Moeilijkheidsgraad: makkelijk

Ingrediënten:

- 1/4 kop walnoten, gehakt en geroosterd
- 1 theelepel honing, rauw
- 1 perzik, ontpit en in plakjes
- 1/2 kopje kwark, vetvrij en op kamertemperatuur
- 1 eetlepel munt, vers en gehakt
- 1 citroen, schil

Indicaties:

Doe de ricotta in een kom en garneer met plakjes perzik en walnoten. Besprenkel met honing en garneer met munt.

Strooi er voor het opdienen citroenschil over.

Voeding (per 100g): 280 calorieën 11 g vet 19 g koolhydraten 39 g eiwit 527 mg natrium

Gezouten haver

Bereidingstijd: 10 minuten
Kooktijd: 10 minuten
Porties: 2
Moeilijkheidsgraad: makkelijk

Ingrediënten:

- 1/2 kopje staal gesneden haver
- 1 kopje water
- 1 tomaat, groot en in stukjes gesneden
- 1 komkommer, gehakt
- 1 eetlepel olijfolie
- Zeezout en zwarte peper naar smaak
- Platte peterselie, gehakt voor garnering
- Parmezaanse kaas, vetarm en vers geraspt

Indicaties:

Breng de havermout en een kopje water aan de kook in een pan op hoog vuur. Roer vaak totdat het water volledig is opgenomen, dit duurt ongeveer een kwartier. Verdeel over twee kommen en voeg de tomaten en komkommer toe. Besprenkel met olijfolie en garneer met Parmezaanse kaas. Garneer voor het serveren met peterselie.

Voeding (per 100g): 408 calorieën 13 g vet 10 g koolhydraten 28 g eiwit 825 mg natrium

Tahini en appeltoast

Bereidingstijd: 15 minuten

Kooktijd: 0 minuten

Porties: 1

Moeilijkheidsgraad: makkelijk

Ingrediënten:

- 2 eetlepels tahini
- 2 sneetjes geroosterd volkorenbrood
- 1 theelepel honing, rauw
- 1 appel, klein, klokhuis verwijderd en in dunne plakjes gesneden

Indicaties:

Begin met het smeren van de tahini op de toast en leg daarop de appels. besprenkel met honing voor het opdienen.

Voeding (per 100g): 366 calorieën 13 g vet 9 g koolhydraten 29 g eiwit 686 mg natrium

Roerei Basilicum

Bereidingstijd: 5 minuten

Kooktijd: 10 minuten

Porties: 2

Moeilijkheidsgraad: makkelijk

Ingrediënten:

- 4 eieren, groot
- 2 eetlepels verse basilicum, fijngehakt
- 2 eetlepels gruyere kaas, geraspt
- 1 eetlepel room
- 1 eetlepel olijfolie
- 2 teentjes knoflook, fijngehakt
- Zeezout en zwarte peper naar smaak

Indicaties:

Neem een grote kom en klop de basilicum, kaas, room en eieren door elkaar. Klop tot goed gemengd. Neem een grote koekenpan op middelhoog vuur en verwarm de olie. Voeg je knoflook toe en kook gedurende een minuut. Het zou goudkleurig moeten worden.

Giet het eimengsel in de pan over de knoflook en blijf roeren terwijl ze koken zodat ze zacht en luchtig worden. Breng goed op smaak en serveer warm.

Voeding (per 100g): 360 calorieën 14 g vet 8 g koolhydraten 29 g eiwit 545 mg natrium

Griekse aardappelen en eieren

Bereidingstijd: 10 minuten

Kooktijd: 30 minuten

Porties: 2

Moeilijkheidsgraad: makkelijk

Ingrediënten:

- 3 tomaten, ontpit en grof gehakt
- 2 eetlepels basilicum, vers en fijngehakt
- 1 teentje knoflook, fijngehakt
- 2 eetlepels + 1/2 kop olijfolie, verdeeld
- zeezout en zwarte peper naar smaak
- 3 roodbruine aardappelen, groot
- 4 eieren, groot
- 1 theelepel oregano, vers en gehakt

Indicaties:

Neem de keukenmachine en doe de tomaten erin, pureer ze met de schil erop.

Voeg je knoflook, twee eetlepels olie, zout, peper en basilicum toe. Mix tot alles goed gemengd is, doe dit mengsel in een pan en kook afgedekt twintig tot vijfentwintig minuten op laag vuur. Je saus moet dik en bruisend zijn.

Snijd de aardappelen in blokjes en gooi ze met ½ kopje olijfolie in een koekenpan op middelhoog vuur.

Bak de aardappelen krokant en goudbruin. Dit zou vijf minuten moeten duren, dus dek de pan af en zet het vuur laag. Stoom ze tot de aardappelen gaar zijn.

Voeg de eieren toe aan de tomatensaus en kook op laag vuur gedurende zes minuten. Je eieren moeten worden gezet.

Haal de aardappelen uit de pan en laat ze uitlekken met keukenpapier. Doe ze in een kom. Bestrooi met zout, peper en oregano en serveer de eieren met de aardappelen. Besprenkel de saus met het mengsel en serveer heet.

Voeding (per 100g): 348 calorieën 12 g vet 7 g koolhydraten 27 g eiwit 469 mg natrium

Smoothie van avocado en honing

Bereidingstijd: 5 minuten

Kooktijd: 0 minuten

Porties: 2

Moeilijkheidsgraad: makkelijk

Ingrediënten:

- 1 en een half kopje sojamelk
- 1 avocado, groot
- 2 eetlepels honing, rauw

Indicaties:

Voeg alle ingrediënten samen en mix tot een gladde massa en serveer onmiddellijk.

Voeding (per 100g): 280 calorieën 19 g vet 11 g koolhydraten 30 g eiwit 547 mg natrium

Plantaardige Omelet

Bereidingstijd: 5 minuten

Kooktijd: 10 minuten

Porties: 2

Moeilijkheidsgraad: makkelijk

Ingrediënten:

- 1/2 baby aubergines, geschild en in blokjes gesneden
- 1 handvol babyspinazieblaadjes
- 1 eetlepel olijfolie
- 3 eieren, groot
- 1 theelepel amandelmelk
- 1 ons geitenkaas, verkruimeld
- 1/4 kleine rode paprika, fijngehakt
- zeezout en zwarte peper naar smaak

Indicaties:

Begin met het rooster boven de oven te verwarmen en klop dan de eieren samen met de amandelmelk. Zorg ervoor dat het goed gemengd is en haal dan een anti-aanbak, ovenvaste koekenpan tevoorschijn. Zet het op middelhoog vuur en voeg dan de olijfolie toe.

Zodra de olie is opgewarmd, voeg je de eieren toe. Verdeel de spinazie in een gelijkmatige laag over dit mengsel en voeg de rest van de groenten toe.

Zet het vuur laag tot medium en bestrooi met zout en peper. Laat de groenten en eieren vijf minuten koken. De onderste helft van de eieren moet stevig zijn en de groenten zacht. Voeg de geitenkaas toe en gril 3 tot 5 minuten op het middelste rooster. De eieren moeten helemaal gaar zijn en de kaas moet gesmolten zijn. Snijd in punten en serveer warm.

Voeding (per 100g): 340 calorieën 16 g vet 9 g koolhydraten 37 g eiwit 748 mg natrium

Mini sla wraps

Bereidingstijd: 15 minuten
Kooktijd: 0 minuten
Porties: 4
Moeilijkheidsgraad: makkelijk

Ingrediënten:

- 1 komkommer, in blokjes
- 1 rode ui, in plakjes
- 1 ons fetakaas, vetarm en verkruimeld
- 1 citroen, uitgeperst
- 1 in blokjes gesneden tomaat
- 1 eetlepel olijfolie
- 12 kleine blaadjes ijsbergsla
- zeezout en zwarte peper naar smaak

Indicaties:

Meng de tomaat, ui, feta en komkommer in een kom. Meng olie en sap en breng op smaak met zout en peper.

Vul elk blad met het groentemengsel en rol ze strak op. Gebruik een tandenstoker om ze bij elkaar te houden voor het serveren.

Voeding (per 100g): 291 calorieën 10 g vet 9 g koolhydraten 27 g eiwit 655 mg natrium

Curry Appel Couscous

Bereidingstijd: 20 minuten
Kooktijd: Vijf minuten
Porties: 4
Moeilijkheidsgraad: gemiddeld

Ingrediënten:

- 2 theelepels olijfolie
- 2 preien, alleen de witte delen, in plakjes
- 1 appel, in blokjes
- 2 eetlepels kerriepoeder
- 2 kopjes couscous, gekookt en volkoren
- 1/2 kopje pecannoten, gehakt

Indicaties:

Verhit de olie in een koekenpan op middelhoog vuur. Voeg de prei toe en kook tot ze zacht zijn, wat vijf minuten duurt. Voeg je appel toe en kook tot ze zacht zijn.

Voeg de kerriepoeder en couscous toe en meng goed. Haal van het vuur en voeg de walnoten toe voordat je het direct serveert.

Voeding (per 100g): 330 calorieën 12 g vet 8 g koolhydraten 30 g eiwit 824 mg natrium

Vlaai Van Lam En Groenten

Bereidingstijd: 20 minuten

Kooktijd: 1 uur en 10 minuten

Porties: 8

Moeilijkheidsgraad: gemiddeld

Ingrediënten:

- 1/4 kopje olijfolie
- 1 pond mager lamsvlees, uitgebeend en in stukken van ½ inch gesneden
- 2 grote rode aardappelen, geschrobd en in blokjes gesneden
- 1 ui, grof gesneden
- 2 teentjes knoflook, fijngehakt
- 28 oz tomatenblokjes met vloeistof, ingeblikt en zonder zout
- 2 courgettes, in plakken van ½ cm gesneden
- 1 rode paprika, ontpit en in blokjes van 1 inch gesneden
- 2 eetlepels platte peterselie, fijngehakt
- 1 eetlepel paprikapoeder
- 1 theelepel tijm
- 1/2 theelepel kaneel
- 1/2 glas rode wijn
- zeezout en zwarte peper naar smaak

Indicaties:

Begin door de oven op 325 te zetten en haal dan een grote stoofpan tevoorschijn. Zet het op middelhoog vuur om de olijfolie op te warmen. Zodra je olie heet is, roer je het lamsvlees erdoor en bak je het vlees bruin. Roer vaak om te voorkomen dat het gaat vloeien en leg het lamsvlees dan in een braadpan. Kook de knoflook, ui en aardappelen in de pan tot ze zacht zijn, dit duurt nog eens vijf tot zes minuten. Leg ze ook in de braadpan. Voeg de courgettes, paprika en tomaten toe aan de pan met de kruiden en specerijen. Laat het nog tien minuten sudderen voordat je het in de braadpan giet. Giet de wijn-pepersaus erbij. Voeg je tomaat toe en dek af met folie. Kook een uur. Verwijder het deksel voor de laatste vijftien minuten koken en pas de kruiden naar behoefte aan.

Voeding (per 100g): 240 calorieën 14 g vet 8 g koolhydraten 36 g eiwit 427 mg natrium

Bot met kruiden

Bereidingstijd: 20 minuten

Kooktijd: 1 uur en 5 minuten

Porties: 4

Moeilijkheidsgraad: gemiddeld

Ingrediënten:

- 1/2 kopje platte bladpeterselie, licht verpakt
- 1/4 kopje olijfolie
- 4 teentjes knoflook, gepeld en gehalveerd
- 2 eetlepels rozemarijn, vers
- 2 eetlepels tijmblaadjes, vers
- 2 eetlepels salie, vers
- 2 eetlepels citroenschil, vers
- 4 botfilets
- zeezout en zwarte peper naar smaak

Indicaties:

Bereid je oven voor op 350 en plaats dan alle ingrediënten behalve de bot in de keukenmachine. Blend tot er een notenpasta ontstaat. Leg de filets op een bakplaat en bestrijk ze met het deeg. Laat ze een uurtje afkoelen in de koelkast. Bak gedurende tien minuten. Breng op smaak en serveer warm.

Voeding (per 100g): 307 calorieën 11 g vet 7 g koolhydraten 34 g eiwit 824 mg natrium

Bloemkool quinoa

Bereidingstijd: 15 minuten
Kooktijd: 10 minuten
Porties: 4
Moeilijkheidsgraad: makkelijk

Ingrediënten:

- 1 1/2 kopjes quinoa, gekookt
- 3 eetlepels olijfolie
- 3 kopjes bloemkoolroosjes
- 2 lente-uitjes, gesnipperd
- 1 eetlepel rode wijnazijn
- zeezout en zwarte peper naar smaak
- 1 eetlepel rode wijnazijn
- 1 eetlepel gehakte bieslook
- 1 eetlepel gehakte peterselie

Indicaties:

Begin met het verhitten van een koekenpan op middelhoog vuur. Voeg je olie toe. Zodra de olie heet is, voeg je de lente-uitjes toe en bak je ze ongeveer twee minuten. Voeg de quinoa en bloemkool toe en voeg dan de rest van de ingrediënten toe. Meng goed en dek af. Kook gedurende negen minuten op middelhoog vuur en verdeel over de borden om te serveren.

Voeding (per 100g): 290 calorieën 14 g vet 9 g koolhydraten 26 g eiwit 656 mg natrium

Smoothie van mango-peren

Bereidingstijd: 5 minuten

Kooktijd: 0 minuten

Porties: 1

Moeilijkheidsgraad: makkelijk

Ingrediënten:

- 2 ijsblokjes
- ½ kopje Griekse yoghurt, naturel
- ½ mango, geschild, ontpit en in stukjes gesneden
- 1 kopje boerenkool, gehakt
- 1 peer, rijp, klokhuis verwijderd en in stukjes gesneden

Indicaties:

Mix tot je een dik en homogeen mengsel krijgt. Serveer koud.

Voeding (per 100g): 350 calorieën 12 g vet 9 g koolhydraten 40 g eiwit 457 mg natrium

spinazie omelet

Bereidingstijd: 10 minuten
Kooktijd: 20 minuten
Porties: 4
Moeilijkheidsgraad: makkelijk

Ingrediënten:

- 3 eetlepels olijfolie
- 1 ui, klein en gesnipperd
- 1 teentje knoflook, fijngehakt
- 4 tomaten, groot, ontpit en in stukjes gesneden
- 1 theelepel zeezout, fijn
- 8 losgeklopte eieren
- ¼ theelepel zwarte peper
- 2 ons fetakaas, verkruimeld
- 1 eetlepel platte peterselie, vers en gehakt

Indicaties:

Verwarm de oven voor op 400 graden en giet de olijfolie in een ovenvaste koekenpan. Zet de pan op hoog vuur en voeg de uien toe. Kook gedurende vijf tot zeven minuten. Je uien moeten zacht worden.

Voeg de tomaten, zout, peper en knoflook toe. Laat vervolgens nog vijf minuten sudderen en voeg de losgeklopte eieren toe. Roer lichtjes en kook 3-5 minuten. Ze moeten onderaan worden geplaatst. Plaats de pan in de oven en kook nog vijf minuten. Haal uit de oven, garneer met peterselie en feta. Heet opdienen.

Voeding (per 100g):280 calorieën 19 g vet 10 g koolhydraten 31 g eiwit 625 mg natrium

Amandel pannenkoeken

Bereidingstijd: 15 minuten

Kooktijd: 15 minuten

Porties: 6

Moeilijkheidsgraad: makkelijk

Ingrediënten:

- 2 kopjes amandelmelk, ongezoet en op kamertemperatuur
- 2 eieren, groot en op kamertemperatuur
- ½ kopje kokosolie, gesmolten + meer om in te vetten
- 2 theelepels honing, rauw
- ¼ theelepel zeezout, fijn
- ½ theelepel zuiveringszout
- 1 1/2 kopjes volkoren meel
- ½ kopje amandelmeel
- 1 en een halve theelepel bakpoeder
- ¼ theelepel kaneel, gemalen

Indicaties:

Neem een grote kom en klop de kokosolie, eieren, amandelmelk en honing al roerend tot ze goed gemengd zijn.

Neem een middelgrote kom en zeef het bakpoeder, de baksoda, het amandelmeel, het zeezout, het volkorenmeel en de kaneel. Goed mengen.

Voeg je bloemmengsel toe aan het melkmengsel en klop goed.

Neem een grote koekenpan en smeer deze in met de kokosolie voordat je hem op middelhoog vuur zet. Voeg het pannenkoekenbeslag toe in maatbekers van ½ kopje.

Kook gedurende drie minuten of tot de randen stevig zijn. De bodem van de pannenkoek moet goudbruin zijn en de luchtbellen moeten het oppervlak breken. Kook beide kanten.

Veeg de pan schoon en herhaal totdat je al het beslag hebt opgebruikt. Vet de pan zeker opnieuw in en garneer eventueel met vers fruit.

Voeding (per 100g): 205 calorieën 16 g vet 9 g koolhydraten 36 g eiwit 828 mg natrium

Quinoa Fruitsalade

Bereidingstijd: 25 minuten

Kooktijd: 0 minuten

Porties: 4

Moeilijkheidsgraad: makkelijk

Ingrediënten:

- 2 eetlepels honing, rauw
- 1 kopje aardbeien, vers en in plakjes
- 2 eetlepels limoensap, vers
- 1 theelepel basilicum, vers en gehakt
- 1 kopje quinoa, gekookt
- 1 mango, geschild, ontpit en in blokjes
- 1 kopje bramen, vers
- 1 perzik, ontpit en in blokjes
- 2 kiwi's, geschild en in vieren gesneden

Indicaties:

Begin met het mengen van het limoensap, basilicum en honing in een kleine kom. Meng in een andere kom de aardbeien, quinoa, bramen, perziken, kiwi's en mango. Voeg het honingmengsel toe en roer om te coaten voor het opdienen.

Voeding (per 100g): 159 calorieën 12 g vet 9 g koolhydraten 29 g eiwit 829 mg natrium

Aardbeien rabarber smoothie

Bereidingstijd: 8 minuten

Kooktijd: 0 minuten

Porties: 1

Moeilijkheidsgraad: makkelijk

Ingrediënten:

- 1 kopje aardbeien, vers en in plakjes
- 1 stengel rabarber, gehakt
- 2 eetlepels honing, rauw
- 3 ijsblokjes
- 1/8 theelepel gemalen kaneel
- ½ kopje Griekse yoghurt, naturel

Indicaties:

Begin met het uitnemen van een kleine steelpan en vul deze met water. Zet het op hoog vuur om het aan de kook te brengen en voeg dan de rabarber toe. Kook gedurende drie minuten voordat u ze afgiet en in een blender doet.

Voeg in je blender de yoghurt, honing, kaneel en aardbeien toe. Eenmaal glad, voeg ijs toe. Mix tot er geen klontjes meer zijn en het dik wordt. Geniet van de kou.

Voeding (per 100g): 201 calorieën 11 g vet 9 g koolhydraten 39 g eiwit 657 mg natrium

Gerst pap

Bereidingstijd: 10 minuten
Kooktijd: 20 minuten
Porties: 4
Moeilijkheidsgraad: makkelijk

Ingrediënten:

- 1 kopje tarwebessen
- 1 kopje gerst
- 2 kopjes amandelmelk, ongezoet + meer om te serveren
- ½ kopje bosbessen
- ½ kopje granaatappelpitjes
- 2 kopjes water
- ½ kopje hazelnoten, geroosterd en gehakt
- ¼ kopje honing, rauw

Indicaties:

Neem een steelpan, zet deze op middelhoog vuur en voeg dan de amandelmelk, het water, de gerst en de tarwebessen toe. Breng aan de kook voordat je het vuur lager zet en vijfentwintig minuten laat sudderen. Roer vaak. Je granen moeten mals worden.

Bestrooi elke portie met veenbessen, granaatappelpitjes, hazelnoten, een eetlepel honing en een scheutje amandelmelk.

Voeding (per 100g): 150 calorieën 10 g vet 9 g koolhydraten 29 g eiwit 546 mg natrium

Pompoensmoothie van peperkoek

Bereidingstijd: 15 minuten

Kooktijd: 50 minuten

Porties: 1

Moeilijkheidsgraad: makkelijk

Ingrediënten:

- 1 kopje amandelmelk, ongezoet
- 2 theelepels chiazaad
- 1 banaan
- ½ kopje pompoenpuree, ingeblikt
- ¼ theelepel gember, gemalen
- ¼ theelepel kaneel, gemalen
- 1/8 theelepel nootmuskaat, gemalen

Indicaties:

Begin met het nemen van een kom en meng de chai-zaden en amandelmelk. Laat ze minimaal een uur weken, maar je kunt ze ook een nacht laten weken. Doe ze in een blender.

Voeg de resterende ingrediënten toe en mix tot een gladde massa. Serveer koud.

Voeding (per 100g): 250 calorieën 13 g vet 7 g koolhydraten 26 g eiwit 621 mg natrium

Groen sap

Bereidingstijd: 5 minuten

Kooktijd: 0 minuten

Porties: 1

Moeilijkheidsgraad: makkelijk

Ingrediënten:

- 3 kopjes donkergroene bladgroenten
- 1 komkommer
- ¼ kopje verse Italiaanse peterselie
- ¼ ananas, in partjes gesneden
- ½ groene appel
- ½ sinaasappel
- ½ citroen
- Een snufje geraspte verse gember

Indicaties:

Pureer met een sapcentrifuge de groenten, komkommer, peterselie, ananas, appel, sinaasappel, citroen en gember in een grote mok en serveer.

Voeding (per 100g): 200 calorieën 14 g vet 6 g koolhydraten 27 g eiwit 541 mg natrium

Smoothie met noten en dadels

Bereidingstijd: 10 minuten

Kooktijd: 0 minuten

Porties: 2

Moeilijkheidsgraad: makkelijk

Ingrediënten:

- 4 ontpitte dadels
- ½ kopje melk
- 2 kopjes gewone Griekse yoghurt
- 1/2 kopje walnoten
- ½ theelepel kaneel, gemalen
- ½ theelepel vanille-extract, puur
- 2-3 ijsblokjes

Indicaties:

Mix alles totdat je een homogeen mengsel krijgt en dien dan koud op.

Voeding (per 100g): 109 calorieën 11 g vet 7 g koolhydraten 29 g eiwit 732 mg natrium

Fruitmilkshake

Bereidingstijd: 5 minuten

Kooktijd: 0 minuten

Porties: 2

Moeilijkheidsgraad: makkelijk

Ingrediënten:

- 2 kopjes bosbessen
- 2 kopjes ongezoete amandelmelk
- 1 kopje gemalen ijs
- ½ theelepel gemalen gember

Indicaties:

Doe de veenbessen, amandelmelk, ijs en gember in een blender. Mixen tot een gladde substantie.

Voeding (per 100g): 115 calorieën 10 g vet 5 g koolhydraten 27 g eiwit 912 mg natrium

Chocolade bananensmoothie

Bereidingstijd: 5 minuten

Kooktijd: 0 minuten

Porties: 2

Moeilijkheidsgraad: makkelijk

Ingrediënten:

- 2 gepelde bananen
- 1 kopje magere melk
- 1 kopje gemalen ijs
- 3 eetlepels ongezoet cacaopoeder
- 3 eetlepels honing

Indicaties:

Meng in een blender de bananen, amandelmelk, ijs, cacaopoeder en honing. Blend tot je een homogeen mengsel krijgt.

Voeding (per 100g): 150 calorieën 18 g vet 6 g koolhydraten 30 g eiwit 821 mg natrium

Yoghurt met bosbessen, honing en munt

Bereidingstijd: 5 minuten

Kooktijd: 0 minuten

Porties: 2

Moeilijkheidsgraad: makkelijk

Ingrediënten:

- 2 kopjes ongezoete vetvrije Griekse yoghurt
- 1 kopje bosbessen
- 3 eetlepels honing
- 2 eetlepels gehakte verse muntblaadjes

Indicaties:

Verdeel de yoghurt over 2 kommen. Compleet met bosbessen, honing en munt.

Voeding (per 100g):126 calorieën 12 g vet 8 g koolhydraten 37 g eiwit 932 mg natrium

Parfait met bessen en yoghurt

Bereidingstijd: 5 minuten

Kooktijd: 0 minuten

Porties: 2

Moeilijkheidsgraad: makkelijk

Ingrediënten:

- 1 kopje frambozen
- 1½ kopje ongezoete magere Griekse yoghurt
- 1 kopje bramen
- ¼ kopje gehakte walnoten

Indicaties:

Leg in 2 kommen de frambozen, yoghurt en bramen in laagjes. Bestrooi met walnoten.

Voeding (per 100g): 119 calorieën 13 g vet 7 g koolhydraten 28 g eiwit 732 mg natrium

Havermout met bessen en zonnebloempitten

Bereidingstijd: 5 minuten
Kooktijd: 10 minuten
Porties: 4
Moeilijkheidsgraad: makkelijk

Ingrediënten:

- 1 kopje water
- ½ kopje ongezoete amandelmelk
- een snufje zout
- 1 kopje ouderwetse haver
- ½ kopje bosbessen
- ½ kopje frambozen
- ¼ kopje zonnebloempitten

Indicaties:

Kook het water met de amandelmelk en zeezout in een middelgrote pan op middelhoog vuur.

Voeg de haver toe. Zet het vuur laag tot medium-laag en blijf roeren en kook gedurende 5 minuten. Dek af en laat de havermout nog 2 minuten staan. Roer en serveer gegarneerd met bosbessen, frambozen en zonnebloempitten.

Voeding (per 100g): 106 calorieën 9 g vet 8 g koolhydraten 29 g eiwit 823 mg natrium

Snelle amandel- en esdoornkorrel

Bereidingstijd: 5 minuten

Kooktijd: 10 minuten

Porties: 4

Moeilijkheidsgraad: makkelijk

Ingrediënten:

- 1 1/2 kopjes water
- ½ kopje ongezoete amandelmelk
- een snufje zout
- ½ kopje snelkokende grutten
- ½ theelepel gemalen kaneel
- ¼ kopje pure ahornsiroop
- ¼ kopje geschaafde amandelen

Indicaties:

Doe het water, de amandelmelk en het zeezout in een middelgrote pan op middelhoog vuur en wacht tot het kookt.

Roer continu met een houten lepel, voeg langzaam het graan toe. Blijf roeren om klontervorming te voorkomen en breng het mengsel aan de kook. Zet het vuur laag tot medium laag. Laat een paar minuten sudderen, onder regelmatig roeren, tot het water volledig is opgenomen. Voeg de kaneel, siroop en amandelen toe. Roer nog 1 minuut door.

Voeding (per 100g): 126 calorieën 10g vet 7g koolhydraten 28g eiwit 851mg natrium

Banaan Haver

Bereidingstijd: 10 minuten

Kooktijd: 10 minuten

Porties: 2

Moeilijkheidsgraad: makkelijk

Ingrediënten:

- 1 banaan, geschild en in plakjes
- ¾ c. amandelmelk
- ½ c. cold brew koffie
- 2 ontpitte dadels
- 2 eetlepels. cacaopoeder
- 1 c. havermout
- 1 en een halve eetl. Chia zaden

Indicaties:

Voeg alle ingrediënten toe met behulp van een blender. 5 minuten goed laten werken en serveren.

Voeding (per 100g): 288 calorieën 4,4 g vet 10 g koolhydraten 5,9 g eiwit 733 mg natrium

Broodje Ontbijt

Bereidingstijd: 5 minuten
Kooktijd: 20 minuten
Porties: 4
Moeilijkheidsgraad: makkelijk

Ingrediënten:

- 4 meergranenbroodjes
- 4 theelepels. olijfolie
- 4 eieren
- 1 eetlepel. rozemarijn, vers
- 2 c. babybladspinazie, vers
- 1 tomaat, in plakjes
- 1 eetlepel. van fetakaas
- Een snufje koosjer zout
- Grond zwarte peper

Indicaties:

Bereid de oven voor op 375 F / 190 C. Borstel de zijkanten van dunne delen met 2 theelepels. olijfolie en leg ze op een bakplaat. Bak en rooster gedurende 5 minuten of tot de randen lichtbruin zijn.

Voeg in een pan de rest van de olijfolie en de rozemarijn toe en verwarm op hoog vuur. Breek en voeg de hele eieren een voor een toe aan de pan. De dooier moet nog vloeibaar zijn, maar het eiwit moet stevig zijn.

Breek de dooiers met een spatel. Draai het ei om en bak aan de andere kant tot het gaar is. Haal de eieren van het vuur. Schik de tosti's op 4 aparte borden. Goddelijke spinazie tussen de magere.

Bedek elke dun met twee plakjes tomaat, een gekookt ei en 1 eetl. van fetakaas. Bestrooi lichtjes met peper en zout voor de smaak. Leg de resterende dunne sandwichhelften erop en ze zijn klaar om te serveren.

Voeding (per 100g): 241 calorieën 12,2 g vet 60,2 g koolhydraten 21 g eiwit 855 mg natrium

Ochtend couscous

Bereidingstijd: 10 minuten

Kooktijd: 8 minuten

Porties: 4

Moeilijkheidsgraad: gemiddeld

Ingrediënten:

- 3 c. magere melk
- 1 c. hele couscous, rauw
- 1 kaneelstokje
- ½ abrikoos gehakt, gedroogd
- ¼ c. bes, gedroogd
- 6 theelepels. bruine suiker
- ¼ theelepel. zout
- 4 theelepels. gesmolten boter

Indicaties:

Neem een grote pan en combineer de melk en het kaneelstokje en verwarm op middelhoog vuur. Verwarm gedurende 3 minuten of tot zich microbellen vormen rond de randen van de pan. Kook niet. Haal van het vuur, roer de couscous, abrikozen, krenten, zout en 4 tl. Bruine suiker. Dek het mengsel af en laat het 15 minuten rusten. Verwijder het kaneelstokje en gooi het weg. Verdeel de couscous over 4 kommen en bedek elk met 1 tl. gesmolten boter en ½ tl. Bruine suiker. Klaar om te serveren.

Voeding (per 100g): 306 calorieën 6 g vet 5 g koolhydraten 9 g eiwit 944 mg natrium

Smoothie van avocado en appel

Bereidingstijd: 5 minuten
Kooktijd: 0 minuten
Porties: 2
Moeilijkheidsgraad: makkelijk

Ingrediënten:

- 3 c. spinazie
- 1 groene appel zonder klokhuis, gehakt
- 1 ontpitte avocado, geschild en in stukjes gesneden
- 3 el. Chia zaden
- 1 theelepel. Honing
- 1 bevroren banaan, gepeld
- 2 c. kokosmelk

Indicaties:

Voeg alle ingrediënten toe met behulp van je blender. Meng goed gedurende 5 minuten om een gladde textuur te verkrijgen en serveer in glazen.

Voeding (per 100g): 208 calorieën 10,1 g vet 6 g koolhydraten 7 g eiwit 924 mg natrium

Mini-omelet

Bereidingstijd: 10 minuten

Kooktijd: 20 minuten

Porties: 8

Moeilijkheidsgraad: makkelijk

Ingrediënten:

- 1 gesnipperde gele ui
- 1 c. Geraspte Parmezaanse kaas
- 1 fijngehakte gele paprika
- 1 fijngehakte rode peper
- 1 gesneden courgette
- Zout en zwarte peper
- Een scheutje olijfolie
- 8 losgeklopte eieren
- 2 eetlepels. gehakte bieslook

Indicaties:

Zet een koekenpan op middelhoog vuur. Voeg olie toe om te verwarmen. Verwerk alle ingrediënten behalve bieslook en eieren. Sauteer ongeveer 5 minuten.

Leg de eieren op een muffinvorm en garneer met de bieslook. Zet de oven op 350 F / 176 C. Plaats de muffinvorm in de oven om ongeveer 10 minuten te bakken. Serveer de eieren op een bord met de gesauteerde groenten.

Voeding (per 100g): 55 calorieën 3 g vet 0,7 g koolhydraten 9 g eiwit 844 mg natrium

Havermout met zongedroogde tomaten

Bereidingstijd: 10 minuten
Kooktijd: 25 minuten
Porties: 4
Moeilijkheidsgraad: makkelijk

Ingrediënten:

- 3 c. waterval
- 1 c. amandelmelk
- 1 eetlepel. olijfolie
- 1 c. staal gesneden haver
- ¼ c. tomatenblokjes, gedroogd in de zon
- Een snufje chilivlokken

Indicaties:

Voeg met behulp van een pan het water en de melk toe om te combineren. Zet op middelhoog vuur en laat het koken. Zet een andere koekenpan op middelhoog vuur. Verhit de olie en voeg de havermout toe om 2 minuten te koken. Breng over naar de eerste pan plus de tomaten en roer. Laat ongeveer 20 minuten sudderen. Doe in kommen en garneer met rode pepervlokken. Genieten.

Voeding (per 100g): 170 calorieën 17,8 g vet 1,5 g koolhydraten 10 g eiwit 645 mg natrium

Ei op avocado

Bereidingstijd: 5 minuten
Kooktijd: 15 minuten
Porties: 6
Moeilijkheidsgraad: makkelijk

Ingrediënten:

- 1 theelepel. knoflook poeder
- ½ theelepel. zeezout
- ¼ c. geraspte Parmezaanse kaas
- ¼ theelepel. zwarte peper
- 3 ontpitte avocado's, gehalveerd
- 6 eieren

Indicaties:

Bereid muffinvormpjes voor en bereid de oven voor op 350 F / 176 C. Verdeel de avocado. Om ervoor te zorgen dat het ei in de avocadoholte past, schraap je 1/3 van het vruchtvlees lichtjes af.

Leg de avocado op een muffinpan om ervoor te zorgen dat de kant naar boven ligt. Kruid elke avocado gelijkmatig met peper, zout en knoflookpoeder. Voeg een ei toe aan elke avocadoholte en bedek de toppen met kaas. Plaats in de oven om te koken tot het eiwit gestold is, ongeveer 15 minuten. Serveer en geniet.

Voeding (per 100g): 252 calorieën 20 g vet 2 g koolhydraten 5 g eiwit 946 mg natrium

Brekky Ei-aardappelhasj

Bereidingstijd: 10 minuten

Kooktijd: 25 minuten

Porties: 2

Moeilijkheidsgraad: makkelijk

Ingrediënten:

- 1 courgette, in blokjes
- ½ c. Kippen bouillon
- ½ lb of 220 g gekookte kip
- 1 eetlepel. olijfolie
- 4 Oz. of 113 g garnalen
- Zout en zwarte peper
- 1 in blokjes gesneden zoete aardappel
- 2 eieren
- ¼ theelepel. Cayenne peper
- 2 theelepels. knoflook poeder
- 1 c. verse spinazie

Indicaties:

Voeg in een pan de olijfolie toe. Bak de garnalen, gekookte kip en zoete aardappel 2 minuten. Voeg de cayennepeper, het knoflookpoeder toe en roer 4 minuten. Voeg de courgettes toe en roer nog 3 minuten.

Klop de eieren los in een kom en voeg ze toe aan de pan. Kruid met peper en zout. Dek af met het deksel. Laat nog 1 minuut koken en roer de kippenbouillon erdoor.

Dek af en kook nog 8 minuten op hoog vuur. Voeg de spinazie toe, roer nog 2 minuten en serveer.

Voeding (per 100g):198 calorieën 0,7 g vet 7 g koolhydraten 10 g eiwit 725 mg natrium

Tomaat En Basilicumsoep

Bereidingstijd: 10 minuten

Kooktijd: 25 minuten

Porties: 2

Moeilijkheidsgraad: gemiddeld

Ingrediënten:

- 2 eetlepels. groentebouillon
- 1 fijngehakt teentje knoflook
- ½ c. witte ui
- 1 stengel bleekselderij fijngehakt
- 1 gesneden wortel
- 3 c. tomaten, gehakt
- Zout en peper
- 2 laurierblaadjes
- 1 ½ c. ongezoete amandelmelk
- 1/3 c. basilicum blaadjes

Indicaties:

Kook de groentebouillon in een grote pan op middelhoog vuur. Voeg de knoflook en uien toe en bak 4 minuten. Voeg de wortels en selderij toe. Kook nog 1 minuut.

Doe de tomaten erbij en breng aan de kook. Kook gedurende 15 minuten. Voeg de amandelmelk, basilicum en laurierblaadjes toe. Kruid het en serveer.

Voeding (per 100g): 213 calorieën 3,9 g vet 9 g koolhydraten 11 g eiwit 817 mg natrium

Pompoenhummus

Bereidingstijd: 10 minuten
Kooktijd: 15 minuten
Porties: 4
Moeilijkheidsgraad: makkelijk

Ingrediënten:

- 2 lbs of 900 g pitloze flespompoen, geschild
- 1 eetlepel. olijfolie
- ¼ c. tahini
- 2 eetlepels. citroensap
- 2 fijngehakte teentjes knoflook
- Zout en peper

Indicaties:

Verwarm de oven tot 300 F / 148 C. Smeer de pompoen in met olijfolie. Leg ze op een bakplaat en laat ze 15 minuten in de oven garen. Als de pompoen gaar is, doe je deze samen met de rest van de ingrediënten in een keukenmachine.

Mixen tot een gladde substantie. Serveer met worteltjes en stengels bleekselderij. Voor verder gebruik van de plaats in individuele containers, een etiket aanbrengen en in de koelkast bewaren. Laat op kamertemperatuur komen voordat je het in de magnetron opwarmt.

Voeding (per 100g):115 calorieën 5,8 g vet 6,7 g koolhydraten 10 g eiwit 946 mg natrium

Ham-muffins

Bereidingstijd: 10 minuten

Kooktijd: 15 minuten

Porties: 6

Moeilijkheidsgraad: gemiddeld

Ingrediënten:

- 9 plakjes ham
- 1/3 c. gehakte spinazie
- ¼ c. verkruimelde fetakaas
- ½ c. gehakte geroosterde rode pepers
- Zout en zwarte peper
- 1 en een halve eetl. basilicum pesto
- 5 losgeklopte eieren

Indicaties:

Vet een muffinvorm in. Gebruik 1 1/2 plakjes ham om elk van de muffinvormpjes te bekleden. Verdeel behalve de zwarte peper, het zout, de pesto en het ei de rest van de ingrediënten over de hamcups. Klop in een kom de peper, het zout, de pesto en de eieren door elkaar. Giet het pepermengsel erover. Zet de oven op 400 F / 204 C en bak ongeveer 15 minuten. Serveer onmiddellijk.

Voeding (per 100g): 109 calorieën 6,7 g vet 1,8 g koolhydraten 9 g eiwit 386 mg natrium

Spelt Salade

Bereidingstijd: 10 minuten

Kooktijd: 0 minuten

Porties: 2

Moeilijkheidsgraad: makkelijk

Ingrediënten:

- 1 eetlepel. olijfolie
- Zout en zwarte peper
- 1 bosje babyspinazie, gehakt
- 1 ontpitte avocado, geschild en in stukjes gesneden
- 1 fijngehakt teentje knoflook
- 2 c. gekookte spelt
- ½ c. kerstomaatjes, in blokjes

Indicaties:

Stel de vlam in op een gemiddelde temperatuur. Doe de olie in een pan en verwarm. Voeg de rest van de ingrediënten toe. Kook het mengsel ongeveer 5 minuten. Doe in serveerschalen en geniet ervan.

Voeding (per 100g): 157 calorieën 13,7 g vet 5,5 g koolhydraten 6 g eiwit 615 mg natrium

Bosbessen en dadels

Bereidingstijd: 10 minuten

Kooktijd: 20 minuten

Porties: 10

Moeilijkheidsgraad: makkelijk

Ingrediënten:

- 12 ontpitte dadels, fijngehakt
- 1 theelepel. vanille-extract
- ¼ c. Honing
- ½ c. havermout
- ¾ c. gedroogde cranberries
- ¼ c. amandel-avocado-olie gesmolten
- 1 c. gehakte walnoten, geroosterd
- ¼ c. pompoenpitten

Indicaties:

Meng alle ingrediënten met behulp van een kom om te combineren.

Bekleed een bakplaat met bakpapier. Druk de blend op de setup. Zet ongeveer 30 minuten in de vriezer. Snijd in 10 vierkanten en geniet ervan.

Voeding (per 100g): 263 calorieën 13,4 g vet 14,3 g koolhydraten 7 g eiwit 845 mg natrium

Linzen En Cheddar Omelet

Bereidingstijd: 5 minuten

Kooktijd: 17 minuten

Porties: 4

Moeilijkheidsgraad: makkelijk

Ingrediënten:

- 1 gesnipperde rode ui
- 2 eetlepels. olijfolie
- 1 c. gekookte zoete aardappelen, gehakt
- ¾ c. gehakte ham
- 4 losgeklopte eieren
- ¾ c. gekookte linzen
- 2 eetlepels. Griekse yoghurt
- Zout en zwarte peper
- ½ c. gehalveerde kerstomaatjes,
- ¾ c. geraspte cheddarkaas

Indicaties:

Zet het vuur op medium en plaats een pan. Voeg olie toe om te verwarmen. Roer de ui erdoor en laat deze ongeveer 2 minuten bruin worden. Voeg, met uitzondering van de kaas en eieren, de overige ingrediënten toe en bak nog 3 minuten. Voeg eieren toe, garneer met kaas. Kook nog 10 minuten afgedekt.

Snijd de omelet in plakjes, doe hem in de kommen en geniet ervan.

Voeding (per 100g): 274 calorieën 17,3 g vet 3,5 g koolhydraten 6 g eiwit 843 mg natrium

Boterham met tonijn

Bereidingstijd: 5 minuten

Kooktijd: Vijf minuten

Porties: 2

Moeilijkheidsgraad: makkelijk

Ingrediënten:

- 6 ons. of 170 g tonijn uit blik, uitgelekt en in vlokken
- 1 avocado ontpit, geschild en gepureerd
- 4 sneetjes volkorenbrood
- Snufje zout en zwarte peper
- 1 eetlepel. verkruimelde fetakaas
- 1 c. kleine spinazie

Indicaties:

Meng peper, zout, tonijn en kaas in een kom om te combineren. Breng op de sneetjes brood een crème van avocadopuree aan.

Verdeel op dezelfde manier het tonijn-spinaziemengsel over 2 van de plakjes. Top met de resterende 2 plakjes. Dienen.

Voeding (per 100g): 283 calorieën 11,2 g vet 3,4 g koolhydraten 8 g eiwit 754 mg natrium

Spelt Salade

Bereidingstijd: 15 minuten

Kooktijd: 30 minuten

Porties: 4

Moeilijkheidsgraad: gemiddeld

Ingrediënten:

- salade
- 2 1/2 kopjes groentebouillon
- ¾ kopje verkruimelde fetakaas
- 1 blikje kikkererwten, uitgelekt
- 1 komkommer, gehakt
- 1 1/2 kopjes geparelde spelt
- 1 eetlepel olijfolie
- ½ ui gesneden
- 2 kopjes babyspinazie, gehakt
- 1 liter cherrytomaatjes
- 1 ¼ kopjes water
- kruiden:
- 2 eetlepels citroensap
- 1 eetlepel honing
- ¼ kopje olijfolie
- ¼ theelepel oregano
- 1 snufje chilivlokken
- ¼ theelepel zout

- 1 eetlepel rode wijnazijn

Indicaties:

Verhit de olie in een pan. Voeg de spelt toe en bak een minuut mee. Zorg ervoor dat je het regelmatig roert tijdens het koken. Voeg water en bouillon toe en breng aan de kook. Zet het vuur lager en laat sudderen tot de farro gaar is, ongeveer 30 minuten. Giet het water af en doe de spelt in een kom.

Voeg de spinazie toe en meng. Laat ongeveer 20 minuten afkoelen. Voeg de komkommer, uien, tomaten, paprika, kikkererwten en feta toe. Meng goed om een goede mix te krijgen. Doe een stapje terug en maak de dressing klaar.

Meng alle ingrediënten voor de dressing en meng goed tot een gladde massa. Giet het in de kom en meng goed. Breng goed op smaak.

Voeding (per 100g): 365 calorieën 10 g vet 43 g koolhydraten 13 g eiwit 845 mg natrium

Salade van kikkererwten en courgette

Bereidingstijd: 10 minuten

Kooktijd: 0 minuten

Porties: 3

Moeilijkheidsgraad: makkelijk

Ingrediënten:

- ¼ kopje balsamicoazijn
- 1/3 kopje gehakte basilicumblaadjes
- 1 eetlepel kappertjes, uitgelekt en fijngehakt
- ½ kopje verkruimelde fetakaas
- 1 blikje kikkererwten, uitgelekt
- 1 fijngehakt teentje knoflook
- ½ kopje Kalamata-olijven, gehakt
- 1/3 kopje olijfolie
- ½ kopje zoete ui, fijngehakt
- ½ theelepel oregano
- 1 snufje rode pepervlokken, geplet
- ¾ kopje rode paprika, gehakt
- 1 eetlepel gehakte rozemarijn
- 2 kopjes courgette, in blokjes
- Zout en peper naar smaak

Indicaties:

Doe de groenten in een kom en dek goed af.

Serveer op kamertemperatuur. Maar voor het beste resultaat zet je de kom een paar uur in de koelkast voordat je hem serveert, zodat de smaken kunnen versmelten.

Voeding (per 100g): 258 calorieën 12 g vet 19 g koolhydraten 5,6 g eiwit 686 mg natrium

Provençaalse artisjoksalade

Bereidingstijd: 15 minuten

Kooktijd: Vijf minuten

Porties: 3

Moeilijkheidsgraad: makkelijk

Ingrediënten:

- 250 g artisjokharten
- 1 theelepel gehakte basilicum
- 2 teentjes knoflook, fijngehakt
- 1 citroenschil
- 1 eetlepel olijven, gehakt
- 1 eetlepel olijfolie
- ½ gesnipperde ui
- 1 snufje, ½ theelepel zout
- 2 tomaten, in stukjes
- 3 eetlepels water
- ½ glas witte wijn
- Zout en peper naar smaak

Indicaties:

Verhit de olie in een pan. Fruit de ui en knoflook. Bak tot de uien glazig zijn en breng op smaak met een snufje zout. Schenk de witte wijn erbij en laat sudderen tot de wijn voor de helft is ingekookt.

Voeg de tomatenpulp, artisjokharten en het water toe. Laat sudderen en voeg dan de citroenschil en ongeveer 1/2 theelepel zout toe. Dek af en kook ongeveer 6 minuten.

Voeg de olijven en basilicum toe. Breng goed op smaak en geniet ervan!

Voeding (per 100g): 147 calorieën 13 g vet 18 g koolhydraten 4 g eiwit 689 mg natrium

Bulgaarse salade

Bereidingstijd: 10 minuten

Kooktijd: 20 minuten

Porties: 2

Moeilijkheidsgraad: gemiddeld

Ingrediënten:

- 2 kopjes bulgur
- 1 eetlepel boter
- 1 komkommer, in stukjes gesneden
- ¼ kopje dille
- ¼ kopje zwarte olijven, gehalveerd
- 1 eetlepel, 2 theelepels olijfolie
- 4 kopjes water
- 2 theelepels rode wijnazijn
- zout, precies genoeg

Indicaties:

Rooster de bulgur in een pan met een mengsel van boter en olijfolie. Kook tot de bulgur goudbruin is en begint af te breken.

Voeg het water toe en pas het zout aan. Wikkel alles in en laat ongeveer 20 minuten sudderen of tot de bulgur gaar is.

Meng in een kom de stukjes komkommer met de olijfolie, dille, rode wijnazijn en zwarte olijven. Meng alles goed.

Combineer komkommer en bulgur.

Voeding (per 100g): 386 calorieën 14 g vet 55 g koolhydraten 9 g eiwit 545 mg natrium

Kommetje falafelsalade

Bereidingstijd: 15 minuten

Kooktijd: Vijf minuten

Porties: 2

Moeilijkheidsgraad: makkelijk

Ingrediënten:

- 1 eetlepel pikante knoflooksaus
- 1 eetlepel dille-knoflooksaus
- 1 pak vegetarische falafel
- 1 doos hummus
- 2 eetlepels citroensap
- 1 eetlepel ontpitte kalamata-olijven
- 1 eetlepel extra vergine olijfolie
- ¼ kopje ui, in blokjes gesneden
- 2 kopjes gehakte peterselie
- 2 kopjes knapperig pitabrood
- 1 snufje zout
- 1 eetlepel tahinsaus
- ½ kopje in blokjes gesneden tomaat

Indicaties:

Kook de voorbereide falafels. Zet het opzij. Maak de salade klaar. Meng de peterselie, ui, tomaat, citroensap, olijfolie en zout. Gooi alles weg en leg alles aan de kant. Doe alles in serveerschalen. Voeg de peterselie toe en bedek met humus en falafel. Besprenkel de kom met de tahinsaus, chili-knoflooksaus en dilledressing. Voeg bij het serveren citroensap toe en meng de salade goed. Serveer met pitabroodje ernaast.

Voeding (per 100g):561 calorieën 11 g vet 60,1 g koolhydraten 18,5 g eiwit 944 mg natrium

Makkelijke Griekse Salade

Bereidingstijd: 15 minuten
Kooktijd: 0 minuten
Porties: 2
Moeilijkheidsgraad: makkelijk

Ingrediënten:

- 120 g Griekse feta, in blokjes
- 5 komkommers, in de lengte doorgesneden
- 1 theelepel honing
- 1 citroen, gekauwd en geraspt
- 1 kopje kalamata-olijven, ontpit en gehalveerd
- ¼ kopje extra vergine olijfolie
- 1 ui, in plakjes
- 1 theelepel oregano
- 1 snufje verse oregano (voor garnering)
- 12 tomaten, in vieren gesneden
- ¼ kopje rode wijnazijn
- Zout en peper naar smaak

Indicaties:

Week de uien in een kom 15 minuten in gezouten water. Meng in een grote kom de honing, citroensap, citroenschil, oregano, zout en peper. Meng alles. Voeg geleidelijk de olijfolie toe, al roerend, tot de olie emulgeert. Voeg de olijven en tomaten toe. Zet het goed. Voeg de komkommers toe

Giet de in gezouten water geweekte uien af en voeg ze toe aan het salademengsel. Garneer de salade met verse oregano en feta. Vet in met olijfolie en breng op smaak met peper.

Voeding (per 100g): 292 calorieën 17 g vet 12 g koolhydraten 6 g eiwit 743 mg natrium

Rucolasalade met vijgen en walnoten

Bereidingstijd: 15 minuten

Kooktijd: 10 minuten

Porties: 2

Moeilijkheidsgraad: makkelijk

Ingrediënten:

- 150 g rucola
- 1 wortel, geschraapt
- 1/8 theelepel cayennepeper
- 3 ons geitenkaas, verkruimeld
- 1 blik ongezouten kikkererwten, uitgelekt
- ½ kopje gedroogde vijgen, in partjes gesneden
- 1 theelepel honing
- 3 eetlepels olijfolie
- 2 theelepels balsamicoazijn
- ½ walnoten gehalveerd
- zout, precies genoeg

Indicaties:

Verwarm de oven voor op 175 graden. Meng in een braadpan de walnoten, 1 eetlepel olijfolie, de cayennepeper en 1/8 theelepel zout. Zet de pan in de oven en bak tot de noten bruin zijn. Leg het opzij als je klaar bent.

Meng in een kom de honing, balsamicoazijn, 2 eetlepels olie en ¾ theelepel zout.

Combineer de rucola, wortel en vijgen in een grote kom. Voeg de walnoten en geitenkaas toe en besprenkel met de honing balsamico vinaigrette. Zorg ervoor dat je alles bedekt.

Voeding (per 100g): 403 calorieën 9 g vet 35 g koolhydraten 13 g eiwit 844 mg natrium

Bloemkoolsalade Met Tahini Vinaigrette

Bereidingstijd: 15 minuten

Kooktijd: Vijf minuten

Porties: 2

Moeilijkheidsgraad: gemiddeld

Ingrediënten:

- 1 1/2 pond bloemkool
- ¼ kopje gedroogde kersen
- 3 eetlepels citroensap
- 1 eetlepel verse munt, gehakt
- 1 theelepel olijfolie
- ½ kopje gehakte peterselie
- 3 eetlepels gezouten geroosterde pistachenoten, gehakt
- ½ theelepel zout
- ¼ kopje sjalotten, fijngehakt
- 2 eetlepels tahini

Indicaties:

Rasp de bloemkool in een magnetronbestendige kom Voeg de olijfolie en ¼ zout toe. Zorg ervoor dat je de bloemkool gelijkmatig afdekt en kruidt. Wikkel de kom in vershoudfolie en verwarm het ongeveer 3 minuten in de magnetron.

Leg de rijst met de bloemkool op een bakplaat en laat ongeveer 10 minuten afkoelen. Voeg het citroensap en de sjalotjes toe. Even laten staan zodat de bloemkool de smaak kan opnemen.

Voeg het tahinimengsel, kersen, peterselie, munt en zout toe. Meng alles goed. Bestrooi met geroosterde pistachenoten voor het opdienen.

Voeding (per 100g): 165 calorieën 10 g vet 20 g koolhydraten 6 g eiwit 651 mg natrium

Mediterrane Aardappelsalade

Bereidingstijd: 15 minuten

Kooktijd: 10 minuten

Porties: 2

Moeilijkheidsgraad: makkelijk

Ingrediënten:

- 1 bosje basilicumblaadjes, versnipperd
- 1 teentje knoflook, geperst
- 1 eetlepel olijfolie
- 1 ui, in plakjes
- 1 theelepel oregano
- 100 g geroosterde rode paprika. Plakjes
- 300 g aardappelen, gehalveerd
- 1 blikje cherrytomaatjes
- Zout en peper naar smaak

Indicaties:

Fruit de uien in een pannetje. Voeg de oregano en knoflook toe. Kook alles een minuut. Voeg de paprika en tomaten toe. Breng goed op smaak en laat ongeveer 10 minuten sudderen. Zet het opzij.

Kook de aardappelen in een pan in ruim gezouten water gaar. Bak tot ze zacht zijn, ongeveer 15 minuten. Laat goed uitlekken. Meng de aardappelen met de saus en voeg de basilicum en olijven toe. Gooi ten slotte alles weg voor het opdienen.

Voeding (per 100g): 111 calorieën 9 g vet 16 g koolhydraten 3 g eiwit 745 mg natrium

Quinoa en pistachesalade

Bereidingstijd: 10 minuten

Kooktijd: 15 minuten

Porties: 2

Moeilijkheidsgraad: makkelijk

Ingrediënten:

- ¼ theelepel komijn
- ½ kopje gedroogde bessen
- 1 theelepel geraspte citroenschil
- 2 eetlepels citroensap
- ½ kopje groene uien, gehakt
- 1 eetlepel gehakte munt
- 2 eetlepels extra vergine olijfolie
- ¼ kopje gehakte peterselie
- ¼ theelepel gemalen peper
- 1/3 kopje pistachenoten, gehakt
- 1 ¼ kopje rauwe quinoa
- 1 2/3 kopje water

Indicaties:

Meng in een pan 1 2/3 kopjes water, de rozijnen en quinoa. Kook alles tot het kookt en zet dan het vuur laag. Kook alles ongeveer 10 minuten en laat de quinoa schuimig worden. Zet het ongeveer 5 minuten opzij. Doe het quinoamengsel in een bak. Voeg de walnoten, munt, uien en peterselie toe. Meng alles. Roer in een aparte kom de citroenschil, citroensap, krenten, komijn en olie erdoor. Klop ze samen. Meng de droge en natte ingrediënten.

Voeding (per 100g): 248 calorieën 8 g vet 35 g koolhydraten 7 g eiwit 914 mg natrium

Komkommer Kipsalade Met Pittige Pindadressing

Bereidingstijd: 15 minuten
Kooktijd: 0 minuten
Porties: 2
Moeilijkheidsgraad: gemiddeld

Ingrediënten:

- 1/2 kopje pindakaas
- 1 eetlepel sambal oelek (chilipasta)
- 1 eetlepel natriumarme sojasaus
- 1 theelepel gegrilde sesamolie
- 4 eetlepels water, of meer indien nodig
- 1 komkommer geschild en in dunne reepjes gesneden
- 1 gekookte kipfilet, in dunne reepjes geraspt
- 2 eetlepels gemalen pinda's

Indicaties:

Combineer pindakaas, sojasaus, sesamolie, sambal oelek en water in een kom. Leg de plakjes komkommer op een bord. Garneer met geraspte kip en besprenkel met saus. Bestrooi met gehakte pinda's.

Voeding (per 100g): 720 calorieën 54 g vet 8,9 g koolhydraten 45,9 g eiwit 733 mg natrium

Plantaardige Paella

Bereidingstijd: 25 minuten

Kooktijd: 45 minuten

Porties: 6

Moeilijkheidsgraad: gemiddeld

Ingrediënten:

- ¼ kopje olijfolie
- 1 grote zoete ui
- 1 grote rode paprika
- 1 grote groene paprika
- 3 teentjes knoflook, fijngehakt
- 1 theelepel gerookt paprikapoeder
- 5 saffraandraden
- 1 courgette, in blokjes van ½ cm gesneden
- 4 grote rijpe tomaten, geschild, ontpit en in stukjes gesneden
- 1 1/2 kopjes Spaanse rijst met korte korrel
- 3 kopjes groentebouillon, verwarmd

Indicaties:

Verwarm de oven voor op 350 ° F. Kook de olijfolie op middelhoog vuur. Roer de ui, rode en groene paprika erdoor en bak 10 minuten.

Voeg de knoflook, paprika, saffraandraadjes, courgettes en tomaten toe. Zet het vuur laag tot medium laag en kook gedurende 10 minuten.

Voeg de rijst en de groentebouillon toe. Verhoog het vuur om de paella aan de kook te brengen. Zet het vuur op medium-laag en kook gedurende 15 minuten. Wikkel de pan in aluminiumfolie en plaats hem in de oven.

Laat 10 minuten koken of tot de bouillon is opgenomen.

Voeding (per 100g): 288 calorieën 10 g vet 46 g koolhydraten 3 g eiwit 671 mg natrium

Aubergine En Rijst Braadpan

Bereidingstijd: 30 minuten

Kooktijd: 35 minuten

Porties: 4

Moeilijkheidsgraad: moeilijk

Ingrediënten:

- <u>Voor de saus</u>
- ½ kopje olijfolie
- 1 kleine ui, gesnipperd
- 4 teentjes knoflook, geperst
- 6 rijpe tomaten, geschild en in stukjes gesneden
- 2 eetlepels tomatenpuree
- 1 theelepel gedroogde oregano
- ¼ theelepel gemalen nootmuskaat
- ¼ theelepel gemalen komijn
- <u>Voor de braadpan</u>
- 4 6-inch Japanse aubergines, in de lengte gehalveerd
- 2 eetlepels olijfolie
- 1 kopje gekookte rijst
- 2 eetlepels pijnboompitten, geroosterd
- 1 kopje water

Indicaties:

Om de saus te maken

Verhit de olijfolie in een pan met dikke bodem op middelhoog vuur. Doe de ui en bak 5 minuten. Roer de knoflook, tomaten, tomatenpuree, oregano, nootmuskaat en komijn erdoor. Breng aan de kook, zet dan het vuur laag en laat 10 minuten sudderen. Verwijder en zet opzij.

Om de braadpan te maken

Verwarm de gril voor. Terwijl de saus suddert, besprenkel de aubergines met de olijfolie en schik ze op een bakplaat. Bak ongeveer 5 minuten tot ze goudbruin zijn. Verwijder en laat afkoelen. Zet de oven op 375 ° F. Schik de gekoelde aubergine, met de snijkant naar boven, in een 9x13-inch ovenschaal. Schep voorzichtig wat van het vlees op om ruimte te maken voor de vulling.

Meng in een kom de helft van de tomatensaus, de gekookte rijst en de pijnboompitten. Vul elke auberginehelft met het rijstmengsel. Combineer in dezelfde kom de resterende tomatensaus en het water. Giet over de aubergines. Kook, afgedekt, gedurende 20 minuten tot de aubergines zacht zijn.

Voeding (per 100g): 453 calorieën 39 g vet 29 g koolhydraten 7 g eiwit 820 mg natrium

couscous met groenten

Bereidingstijd: 15 minuten

Kooktijd: 45 minuten

Porties: 8

Moeilijkheidsgraad: moeilijk

Ingrediënten:

- ¼ kopje olijfolie
- 1 ui, gesnipperd
- 4 teentjes knoflook, fijngehakt
- 2 jalapeñopepers, op verschillende plaatsen met een vork ingestoken
- ½ theelepel gemalen komijn
- ½ theelepel gemalen koriander
- 1 (28 oz) blik geplette tomaten
- 2 eetlepels tomatenpuree
- 1/8 theelepel zout
- 2 laurierblaadjes
- 11 kopjes water, verdeeld
- 4 wortelen
- 2 courgettes, in stukjes van 2 cm gesneden
- 1 eikelpompoen, gehalveerd, ontpit en in plakken van 2,5 cm dik gesneden
- 1 (15 oz) blik kikkererwten, uitgelekt en afgespoeld

- ¼ kopje gehakte gekonfijte citroenen (optioneel)
- 3 kopjes couscous

Indicaties:

Kook de olijfolie in een pan met dikke bodem. Doe de ui en bak 4 minuten. Roer de knoflook, jalapeños, komijn en koriander erdoor. Kook gedurende 1 minuut. Voeg de tomaten, tomatenpuree, zout, laurierblaadjes en 8 kopjes water toe. Breng het mengsel aan de kook.

Voeg de wortelen, courgette en acorn squash toe en breng weer aan de kook. Zet het vuur iets lager, dek af en kook ongeveer 20 minuten tot de groenten zacht maar niet papperig zijn. Neem 2 kopjes van het kookvocht en zet apart. Kruid naar behoefte.

Voeg de kikkererwten en gekonfijte citroenen toe (indien gebruikt). Laat een paar minuten koken en zet het vuur uit.

Breng in een middelgrote koekenpan de resterende 3 kopjes water aan de kook op hoog vuur. Voeg de couscous toe, dek af en zet het vuur uit. Laat de couscous 10 minuten rusten. Besprenkel met 1 kopje van het bewaarde kookvocht. Blaas met een vork de couscous uit.

Leg het op een grote serveerschaal. Maak het nat met het resterende kookvocht. Haal de groenten uit de pan en leg ze erop. Serveer de overige stamppot in een aparte kom.

Voeding (per 100g): 415 calorieën 7 g vet 75 g koolhydraten 9 g eiwit 718 mg natrium

Kushari

Bereidingstijd: 25 minuten

Kooktijd: 1 uur en 20 minuten

Porties: 8

Moeilijkheidsgraad: moeilijk

Ingrediënten:

- Voor de saus
- 2 eetlepels olijfolie
- 2 teentjes knoflook, fijngehakt
- 1 (16 oz) blikje tomatensaus
- ¼ kopje witte azijn
- ¼ kopje harissa, of in de winkel gekocht
- 1/8 theelepel zout
- Voor de rijst
- 1 kopje olijfolie
- 2 uien, in dunne plakjes gesneden
- 2 kopjes gedroogde bruine linzen
- 4 liter plus 1/2 kopje water, verdeeld
- 2 kopjes kortkorrelige rijst
- 1 theelepel zout
- 1 pond korte elleboog pasta
- 1 (15 oz) blik kikkererwten, uitgelekt en afgespoeld

Indicaties:

Om de saus te maken

Kook de olijfolie in een pan. Fruit de knoflook. Roer de tomatensaus, azijn, harissa en zout erdoor. Breng de saus aan de kook. Zet het vuur laag en laat 20 minuten sudderen of tot de saus dikker wordt. Verwijder en zet opzij.

Om rijst te maken

Bereid de schaal voor met absorberend papier en zet opzij. Verhit de olijfolie in een grote koekenpan op middelhoog vuur. Fruit de uien, vaak roerend, tot ze krokant en goudbruin zijn. Doe de uien in de voorbereide schaal en zet apart. Reserveer 2 eetlepels bakolie. Reserveer de pan.

Combineer op hoog vuur de linzen en 4 kopjes water in een pan. Laat het koken en kook gedurende 20 minuten. Zeef en besprenkel met de gereserveerde 2 eetlepels bakolie. Aan de kant leggen. Boek het gerecht.

Zet de pan waarin je de uien bakte op middelhoog vuur en voeg de rijst, 4 1/2 kopjes water en het zout toe. Aan de kook brengen. Zet het vuur laag en laat 20 minuten koken. Schakel uit en zet 10 minuten opzij. Breng de resterende 8 kopjes water, gezouten, aan de kook op hoog vuur in dezelfde pan die je gebruikte om de linzen te koken. Voeg de pasta toe en kook 6 minuten of volgens de instructies op de verpakking. Giet af en zet opzij.

Verzamelen

Schep de rijst op een serveerschaal. Maak het af met linzen, kikkererwten en pasta. Besprenkel met de hete tomatensaus en bestrooi met de krokant gebakken uitjes.

Voeding (per 100g): 668 calorieën 13 g vet 113 g koolhydraten 18 g eiwit 481 mg natrium

Bulgur met tomaten en kikkererwten

Bereidingstijd: 10 minuten

Kooktijd: 35 minuten

Porties: 6

Moeilijkheidsgraad: gemiddeld

Ingrediënten:

- ½ kopje olijfolie
- 1 ui, gesnipperd
- 6 tomaten, in blokjes gesneden, of 1 (16-ounce) blik tomatenblokjes
- 2 eetlepels tomatenpuree
- 2 kopjes water
- 1 eetlepel harissa, of uit de winkel
- 1/8 theelepel zout
- 2 kopjes grove bulgur
- 1 (15 oz) blik kikkererwten, uitgelekt en afgespoeld

Indicaties:

Verhit de olijfolie in een pan met dikke bodem op middelhoog vuur. Fruit de ui, voeg de tomaten toe met hun sap en bak 5 minuten.

Roer de tomatenpuree, het water, de harissa en het zout erdoor. Aan de kook brengen.

Voeg de bulgur en kikkererwten toe. Breng het mengsel weer aan de kook. Zet het vuur lager en kook gedurende 15 minuten. Laat 15 minuten rusten alvorens te serveren.

Voeding (per 100g): 413 calorieën 19 g vet 55 g koolhydraten 14 g eiwit 728 mg natrium

Macaroni Van Makreel

Bereidingstijd: 10 minuten

Kooktijd: 15 minuten

Porties: 4

Moeilijkheidsgraad: makkelijk

Ingrediënten:

- 12 ons macaroni
- 1 teentje knoflook
- 14 oz tomatensaus
- 1 takje gehakte peterselie
- 2 verse pepers
- 1 theelepel zout
- 200 g makreel in olie
- 3 eetlepels extra vergine olijfolie

Indicaties:

Begin door water in een pan aan de kook te brengen. Terwijl het water aan het opwarmen is, neem je een pan, giet er een scheutje olie en een beetje knoflook in en kook op laag vuur. Als de knoflook gaar is, haal je hem uit de pan.

Snijd de chilipeper, verwijder de inwendige zaadjes en snijd in dunne reepjes.

Voeg het kookwater en de chilipeper toe aan dezelfde pan als hiervoor. Neem vervolgens de makreel en doe, nadat je de olie hebt afgetapt en met een vork hebt gescheiden, in de pan met de andere ingrediënten. Laat het licht bruin worden door een beetje kookwater toe te voegen.

Als alle ingrediënten goed zijn opgenomen, voeg je de tomatenpuree toe aan de pan. Meng goed om alle ingrediënten gelijkmatig te verdelen en laat ongeveer 3 minuten sudderen.

Laten we verder gaan met de pasta:

Voeg als het water kookt het zout en de pasta toe. Giet de macaroni af als ze een beetje al dente zijn en voeg ze toe aan de saus die je hebt bereid.

Bak even mee in de saus en voeg na het proeven zout en peper naar smaak toe.

Voeding (per 100g): 510 calorieën 15,4 g vet 70 g koolhydraten 22,9 g eiwit 730 mg natrium

Macaroni Met Kersentomaten En Ansjovis

Bereidingstijd: 10 minuten

Kooktijd: 15 minuten

Porties: 4

Moeilijkheidsgraad: makkelijk

Ingrediënten:

- 14 oz macaroni-pasta
- 6 gezouten ansjovis
- 4 ons cherrytomaatjes
- 1 teentje knoflook
- 3 eetlepels extra vergine olijfolie
- Verse pepers naar smaak
- 3 basilicumblaadjes
- Zout naar smaak

Indicaties:

Begin met het verwarmen van water in een pan en voeg zout toe als het kookt. Bereid intussen de saus: neem de tomaten na het wassen en snijd ze in 4 stukken.

Neem nu een pan met antiaanbaklaag, besprenkel met een scheutje olie en gooi er een teentje knoflook in. Eenmaal gekookt, haal het uit de pan. Voeg de schoongemaakte ansjovis toe aan de pan en los ze op in de olie.

Als de ansjovis goed gesmolten is, voeg je de gehakte tomaten toe en zet je het vuur hoog tot ze zacht beginnen te worden (zorg ervoor dat ze niet te zacht worden).

Voeg de gehakte pitloze chilipepers toe en breng op smaak.

Doe de pasta in een pan met kokend water, laat hem al dente uitlekken en bak hem een paar seconden in de pan.

Voeding (per 100g): 476 calorieën 11 g vet 81,4 g koolhydraten 12,9 g eiwit 763 mg natrium

Risotto met citroen en garnalen

Bereidingstijd: 10 minuten

Kooktijd: 30 minuten

Porties: 4

Moeilijkheidsgraad: makkelijk

Ingrediënten:

- 1 citroen
- 14 ons gepelde garnalen
- 1 ¾ kopjes risotto Rijst
- 1 witte ui
- 33 fl. 1 liter groentebouillon (minder mag ook)
- 2 en een halve eetlepel boter
- ½ glas witte wijn
- Zout naar smaak
- Zwarte peper naar smaak
- Bieslook naar smaak

Indicaties:

Begin met het koken van de garnalen in gezouten water gedurende 3-4 minuten, giet af en zet opzij.

Schil en hak een ui fijn, bak deze in gesmolten boter en als de boter is opgedroogd rooster je de rijst in een pan een paar minuten.

Blus de rijst af met een half glas witte wijn en voeg het sap van 1 citroen toe. Roer en kook de rijst af door naar behoefte een lepel groentebouillon toe te voegen.

Meng goed en voeg een paar minuten voor het einde van de kooktijd de eerder gekookte garnalen toe (houd wat apart voor garnering) en een beetje zwarte peper.

Zodra het vuur uit is, voeg je een klontje boter toe en meng je. De risotto is klaar om geserveerd te worden. Versier met de overige garnalen en bestrooi met bieslook.

Voeding (per 100g): 510 calorieën 10 g vet 82,4 g koolhydraten 20,6 g eiwit 875 mg natrium

Spaghetti met kokkels

Bereidingstijd: 10 minuten

Kooktijd: 40 minuten

Porties: 4

Moeilijkheidsgraad: makkelijk

Ingrediënten:

- 11,5 ons spaghetti
- 2 pond mosselen
- 7 ons tomatensaus, of tomatenpulp, voor de rode versie van dit gerecht
- 2 teentjes knoflook
- 4 eetlepels extra vergine olijfolie
- 1 glas droge witte wijn
- 1 eetlepel fijngehakte peterselie
- 1 Spaanse peper

Indicaties:

Begin met het wassen van de kokkels: "purgeer" de kokkels nooit - ze mogen alleen worden geopend met behulp van warmte, anders gaat hun kostbare interne vloeistof samen met eventueel zand verloren. Was de kokkels snel met een vergiet in een slakom: dit filtert het zand op de schelpen.

Doe de uitgelekte kokkels dan direct in een pan met deksel op hoog vuur. Draai ze af en toe om en als ze bijna allemaal open zijn, haal je ze van het vuur. Kokkels die gesloten blijven, zijn dood en moeten worden weggegooid. Haal de weekdieren uit de open schelpen en laat wat heel om de gerechten te versieren. Zeef de resterende vloeistof op de bodem van de pan en zet opzij.

Neem een grote koekenpan en giet er een beetje olie in. Verhit een hele paprika en een of twee geplette teentjes knoflook op zeer laag vuur tot de teentjes geelachtig worden. Voeg de mosselen toe en breng op smaak met droge witte wijn.

Voeg nu het eerder gefilterde kokkelvocht en een beetje fijngehakte peterselie toe.

Zeef en sauteer de spaghetti onmiddellijk al dente in de pan, nadat je ze gekookt hebt in ruim water met zout. Meng goed totdat de spaghetti al het vocht uit de kokkels heeft opgenomen. Als je geen chilipeper hebt gebruikt, maak het dan af met een beetje witte of zwarte peper.

Voeding (per 100g): 167 calorieën 8 g vet 8,63 g koolhydraten 5 g eiwit 720 mg natrium

Griekse Vissoep

Bereidingstijd: 10 minuten

Kooktijd: 60 minuten

Porties: 4

Moeilijkheidsgraad: makkelijk

Ingrediënten:

- Heek of andere witte vis
- 4 aardappelen
- 4 kleine uien
- 2 wortelen
- 2 stengels bleekselderij
- 2 tomaten
- 4 eetlepels extra vergine olijfolie
- 2 eieren
- 1 citroen
- 1 kopje rijst
- Zout naar smaak

Indicaties:

Kies een vis die niet meer dan 2,2 pond weegt, verwijder de schubben, kieuwen en ingewanden en was hem goed. Zout het en zet het opzij.

Was de aardappelen, wortelen en uien en doe ze in hun geheel in de pan met voldoende water om ze zacht te maken en breng aan de kook.

Voeg de bleekselderij toe die nog in bosjes is gebonden zodat deze tijdens het koken niet uit elkaar spat, snijd de tomaten in vier delen en voeg deze ook toe, samen met de olie en het zout.

Voeg als de groenten bijna gaar zijn meer water en de vis toe. Laat 20 minuten koken en haal het dan samen met de groenten uit de bouillon.

Schik de vis op een serveerschaal en versier deze met de groenten en zeef de bouillon. Zet de bouillon terug op het vuur en verdun het met een beetje water. Voeg als het kookt de rijst toe en breng op smaak met zout. Zodra de rijst gaar is, haal je de pan van het vuur.

Bereid de avgolemonosaus:

Klop de eieren goed los en voeg langzaam het citroensap toe. Doe wat bouillon in een pollepel en giet het langzaam bij de eieren, onder voortdurend roeren.

Voeg ten slotte de verkregen saus toe aan de soep en meng goed.

Voeding (per 100g): 263 calorieën 17,1 g vet 18,6 g koolhydraten 9 g eiwit 823 mg natrium

Venusrijst Met Garnalen

Bereidingstijd: 10 minuten

Kooktijd: 55 minuten

Porties: 3

Moeilijkheidsgraad: makkelijk

Ingrediënten:

- 1 ½ kopje Venere zwarte rijst (bij voorkeur geblancheerd)
- 5 theelepels extra vergine olijfolie
- 10,5 oz garnalen
- 10,5 ons courgette
- 1 citroen (sap en schil)
- Tafelzout naar smaak
- Zwarte peper naar smaak
- 1 teentje knoflook
- Tabasco naar smaak

Indicaties:

Laten we beginnen met de rijst:

Nadat u een pan met veel water heeft gevuld en aan de kook heeft gebracht, voegt u de rijst toe, voegt u zout toe en kookt u deze gedurende de nodige tijd (raadpleeg de kookinstructies op de verpakking).

Rasp ondertussen de courgettes met een rasp met grote gaten. Verhit in een pan de olijfolie met het gepelde teentje knoflook, voeg de geraspte courgettes, zout en peper toe en bak 5 minuten, verwijder het teentje knoflook en zet de groenten apart.

Maak nu de garnalen schoon:

Verwijder de schaal, snij de staart eraf, halveer ze in de lengte en verwijder hun ingewanden (de donkere draad in hun rug). Doe de schoongemaakte garnalen in een kom en besprenkel met olijfolie; geef het wat extra smaak door citroenrasp, zout en peper toe te voegen en eventueel een paar druppels Tabasco toe te voegen.

Verwarm de garnalen een paar minuten in een hete pan. Eenmaal gekookt, opzij zetten.

Zodra de Venere-rijst klaar is, giet je deze in een kom, voeg je het courgettemengsel toe en meng je.

Voeding (per 100g): 293 calorieën 5 g vet 52 g koolhydraten 10 g eiwit 655 mg natrium

Pennette zalm en wodka

Bereidingstijd: 10 minuten

Kooktijd: 18 minuten

Porties: 4

Moeilijkheidsgraad: makkelijk

Ingrediënten:

- Penne Rigate 14 oz
- 7 ons gerookte zalm
- 1,2 ons sjalotten
- 1,35 fl. oz (40 ml) wodka
- 150 g cherrytomaatjes
- 200 g vloeibare verse room (ik raad de groenteroom aan voor een lichter gerecht)
- Bieslook naar smaak
- 3 eetlepels extra vergine olijfolie
- Zout naar smaak
- Zwarte peper naar smaak
- Basilicum naar smaak (ter garnering)

Indicaties:

Was en snijd de tomaten en bieslook. Nadat je de sjalot hebt gepeld, hak je hem fijn met een mes, doe je hem in een pan en laat je hem een paar seconden marineren in extra vierge olijfolie.

Snijd ondertussen de zalm in reepjes en fruit deze samen met de olie en de sjalot aan.

Meng alles met de wodka en wees voorzichtig, want er kan een vlam ontstaan (als er een vlam zou opkomen, maak je geen zorgen, hij zal doven zodra de alcohol volledig is verdampt). Voeg de tomatenpulp toe en voeg een snufje zout en eventueel wat peper toe. Voeg als laatste de room en fijngehakte bieslook toe.

Terwijl de saus verder kookt, bereid je de pasta voor. Zodra het water kookt, voeg je de Pennette toe en laat je ze al dente koken.

Zeef de pasta en giet de Pennette in de saus, laat ze even koken zodat ze alle smaak opnemen. Garneer eventueel met een blaadje basilicum.

Voeding (per 100g): 620 calorieën 21,9 g vet 81,7 g koolhydraten 24 g eiwit 326 mg natrium

Zeevruchten carbonara

Bereidingstijd: 15 minuten

Kooktijd: 50 minuten

Porties: 3

Moeilijkheidsgraad: makkelijk

Ingrediënten:

- 11,5 ons spaghetti
- 3,5 ons tonijn
- 3,5 oz zwaardvis
- 3,5 oz zalm
- 6 dooiers
- 4 eetlepels Parmezaanse kaas (Parmigiano Reggiano)
- 2 fl. oz (60 ml) witte wijn
- 1 teentje knoflook
- Extra vergine olijfolie naar smaak
- Tafelzout naar smaak
- Zwarte peper naar smaak

Indicaties:

Bereid kokend water in een pan en voeg een beetje zout toe.

Giet ondertussen 6 eidooiers in een kom en voeg de geraspte Parmezaanse kaas, peper en zout toe. Klop met een garde en verdun met een beetje kookwater uit de pan.

Verwijder de graatjes van de zalm, de schubben van de zwaardvis en snij vervolgens de tonijn, zalm en zwaardvis in blokjes.

Zodra het kookt, breng je de pasta op smaak en kook je hem een beetje al dente.

Verhit ondertussen een scheutje olie in een grote koekenpan, voeg het hele gepelde teentje knoflook toe. Zodra de olie heet is, voeg je de visblokjes toe en bak je ze op hoog vuur in ongeveer 1 minuut bruin. Verwijder de knoflook en voeg de witte wijn toe.

Zodra de alcohol is verdampt, verwijder je de visblokjes en zet je het vuur laag. Zodra de spaghetti klaar is, voeg je deze toe aan de pan en bruin je deze ongeveer een minuut, onder voortdurend roeren en voeg indien nodig het kookwater toe.

Giet het eidooiermengsel en de visblokjes erbij. Goed mengen. Dienen.

Voeding (per 100g): 375 calorieën 17 g vet 41,40 g koolhydraten 14 g eiwit 755 mg natrium

Garganelli met courgette en garnalenpesto

Bereidingstijd: 10 minuten

Kooktijd: 30 minuten

Porties: 4

Moeilijkheidsgraad: gemiddeld

Ingrediënten:

- 300 g Garganelli met ei
- Voor de courgettepesto:
- 7 ons courgette
- 1 kopje pijnboompitten
- 8 eetlepels basilicum
- 1 theelepel tafelzout
- 9 eetlepels extra vergine olijfolie
- 2 eetlepels Parmezaanse kaas om te raspen
- 1oz pecorino om te raspen
- Voor de gebakken garnalen:
- 8,8 oz garnalen
- 1 teentje knoflook
- 7 theelepels extra vergine olijfolie
- Snufje zout

Indicaties:

Begin met het maken van de pesto:

Was de courgettes, rasp ze, doe ze in een vergiet (zodat ze wat overtollig vocht verliezen) en zout ze lichtjes. Doe de pijnboompitten, courgette en basilicumblaadjes in de blender. Voeg de geraspte Parmezaanse kaas, pecorino en extra vierge olijfolie toe.

Mix alles tot een romig mengsel, voeg een snufje zout toe en zet opzij.

Schakel over naar de garnalen:

Trek eerst de darm eruit door de achterkant van de garnaal met een mes over de hele lengte door te snijden en verwijder met de punt van het mes de zwarte draad aan de binnenkant.

Fruit het teentje knoflook in een pan met antiaanbaklaag met extra vierge olijfolie. Als ze goudbruin zijn, verwijder je de knoflook en voeg je de garnalen toe. Bak ze ongeveer 5 minuten op middelhoog vuur tot je een krokant korstje ziet aan de buitenkant.

Breng vervolgens een pan met gezouten water aan de kook en kook de garganelli. Houd een paar eetlepels kookvocht apart en giet de pasta al dente af.

Doe de Garganelli in de pan waarin je de garnalen hebt gekookt. Laat samen een minuut koken, voeg een lepel kookwater toe en voeg als laatste de courgettepesto toe.

Meng alles goed om de pasta met de saus te combineren.

Voeding (per 100g): 776 calorieën 46 g vet 68 g koolhydraten 22,5 g eiwit 835 mg natrium

Zalm rijst

Bereidingstijd: 10 minuten

Kooktijd: 30 minuten

Porties: 4

Moeilijkheidsgraad: gemiddeld

Ingrediënten:

- 1 kop rijst
- 8,8 oz zalmsteaks
- 1 prei
- Extra vergine olijfolie naar smaak
- 1 teentje knoflook
- ½ glas witte wijn
- 3 ½ eetlepel geraspte Grana Padano
- Zout naar smaak
- Zwarte peper naar smaak
- 17 fl. oz (500ml) Visbouillon
- 1 kopje boter

Indicaties:

Begin met het schoonmaken van de zalm en snijd hem in kleine stukjes. Kook 1 eetlepel olie in een pan met een hele teen knoflook en bak de zalm 2/3 minuten, voeg zout toe en zet de zalm opzij, verwijder de knoflook.

Begin nu met het bereiden van de risotto:

Snijd de prei in heel kleine stukjes en bak op laag vuur in een pan met twee eetlepels olie. Voeg de rijst toe en kook deze een paar seconden op middelhoog vuur, al roerend met een houten lepel.

Giet de witte wijn erbij en blijf koken, af en toe roerend, probeer de rijst niet aan de pan te laten plakken, en voeg geleidelijk de bouillon (groente of vis) toe.

Voeg halverwege de bereiding de zalm, boter en eventueel een snufje zout toe. Als de rijst goed gaar is, haal van het vuur. Combineer met een paar eetlepels geraspte Grana Padano en serveer.

Voeding (per 100g): 521 calorieën 13 g vet 82 g koolhydraten 19 g eiwit 839 mg natrium

Pasta met kerstomaatjes en ansjovis

Bereidingstijd: 15 minuten

Kooktijd: 35 minuten

Porties: 4

Moeilijkheidsgraad: makkelijk

Ingrediënten:

- 10,5 ons spaghetti
- 1,3 pond cherrytomaatjes
- 9 ons ansjovis (vooraf schoongemaakt)
- 2 eetlepels kappertjes
- 1 teentje knoflook
- 1 kleine rode ui
- Peterselie naar smaak
- Extra vergine olijfolie naar smaak
- Tafelzout naar smaak
- Zwarte peper naar smaak
- Zwarte olijven naar smaak

Indicaties:

Snijd het teentje knoflook in dunne plakjes.

Snij de tomaten in tweeën. Schil de ui en snijd hem fijn.

Doe in een braadpan een scheutje olie met de knoflook en de gesneden uien. Verwarm alles gedurende 5 minuten op middelhoog vuur; roer af en toe.

Voeg als alles goed op smaak is de kerstomaatjes toe en een snufje zout en peper. Kook gedurende 15 minuten. Zet ondertussen een pan met water op het vuur en voeg zodra het kookt het zout en de pasta toe.

Als de saus bijna klaar is, voeg je de ansjovis toe en bak je deze een paar minuten mee. Meng voorzichtig.

Zet het vuur uit, hak de peterselie fijn en doe deze in de pan.

Giet de pasta af als deze gaar is en voeg deze direct toe aan de saus. Zet het vuur een paar seconden weer aan.

Voeding (per 100g): 446 calorieën 10 g vet 66,1 g koolhydraten 22,8 g eiwit 934 mg natrium

Orecchiette Broccoli En Worst

Bereidingstijd: 10 minuten

Kooktijd: 32 minuten

Porties: 4

Moeilijkheidsgraad: gemiddeld

Ingrediënten:

- 11,5 oz orecchiette
- 10.5 Broccoli
- 10,5 oz worst
- 1,35 fl. oz (40 ml) witte wijn
- 1 teentje knoflook
- 2 takjes tijm
- 7 theelepels extra vergine olijfolie
- Zwarte peper naar smaak
- Tafelzout naar smaak

Indicaties:

Kook de pan met vol water en zout. Verwijder de broccoliroosjes van de steel en snijd ze doormidden of in 4 delen als ze te groot zijn; doe ze dan in het kokende water, dek de pan af en kook 6-7 minuten.

Snijd ondertussen de tijm fijn en zet apart. Verwijder het vel van de worst en prak het voorzichtig fijn met behulp van een vork.

Fruit het teentje knoflook met een scheutje olie en voeg de worst toe. Voeg na enkele seconden de tijm en een beetje witte wijn toe.

Zonder het kookwater weg te gooien, verwijdert u de gekookte broccoli met behulp van een schuimspaan en voegt u deze beetje bij beetje toe aan het vlees. Kook alles 3-4 minuten. Verwijder de knoflook en voeg een snufje zwarte peper toe.

Laat het water waarin je de broccoli hebt gekookt aan de kook komen, voeg dan de pasta toe en laat koken. Zodra de pasta gaar is, laat u deze uitlekken met een schuimspaan en brengt u deze rechtstreeks over op de broccoli- en worstsaus. Meng dan goed, voeg zwarte peper toe en bak alles een paar minuten bruin in een pan.

Voeding (per 100g): 683 calorieën 36 g vet 69,6 g koolhydraten 20 g eiwit 733 mg natrium

Risotto Radicchio En Gerookt Bacon

Bereidingstijd: 10 minuten

Kooktijd: 30 minuten

Porties: 3

Moeilijkheidsgraad: gemiddeld

Ingrediënten:

- 1 1/2 kopjes rijst
- 14oz radicchio
- 5,3 oz gerookt spek
- 34 fl. oz (1l) Groentebouillon
- 3,4 fl. oz (100 ml) rode wijn
- 7 theelepels extra vergine olijfolie
- 1,7 oz sjalotten
- Tafelzout naar smaak
- Zwarte peper naar smaak
- 3 takjes tijm

Indicaties:

Laten we beginnen met de bereiding van de groentebouillon.

Begin met de radicchio: snijd hem doormidden en verwijder het middelste deel (het witte deel). Snijd het in reepjes, spoel goed af en zet opzij. Snijd ook het gerookte spek in reepjes.

Snipper de sjalot fijn en doe deze in een pan met een scheutje olie. Breng aan de kook op middelhoog vuur, voeg een pollepel bouillon toe, voeg dan het spek toe en bak het bruin.

Voeg na ongeveer 2 minuten de rijst toe en rooster deze, vaak roerend. Giet nu de rode wijn op hoog vuur.

Zodra alle alcohol is verdampt, kook je verder door een pollepel bouillon per keer toe te voegen. Laat de vorige drogen voordat je er nog een toevoegt, tot hij helemaal gaar is. Voeg zout en zwarte peper toe (afhankelijk van hoeveel je besluit toe te voegen).

Voeg aan het einde van de bereiding de reepjes radicchio toe. Meng ze goed tot ze gemengd zijn met de rijst, maar zonder ze te koken. Voeg de gehakte tijm toe.

Voeding (per 100g): 482 calorieën 17,5 g vet 68,1 g koolhydraten 13 g eiwit 725 mg natrium

Pasta alla Genovese

Bereidingstijd: 10 minuten

Kooktijd: 25 minuten

Porties: 3

Moeilijkheidsgraad: gemiddeld

Ingrediënten:

- 11,5 oz Ziti
- 1 pond rundvlees
- 2,2 pond bruine uien
- 2 ons bleekselderij
- 2 ons wortels
- 1 takje peterselie
- 3,4 fl. oz (100 ml) witte wijn
- Extra vergine olijfolie naar smaak
- Tafelzout naar smaak
- Zwarte peper naar smaak
- Parmezaanse kaas naar smaak

Indicaties:

Begin voor het bereiden van de pasta met:

Schil en snijd de uien en wortels fijn. Was en hak vervolgens de bleekselderij fijn (gooi de bladeren niet weg, die moeten ook worden gehakt en opzij worden gezet). Ga dan verder met het vlees, verwijder overtollig vet en snijd het in 5/6 grote stukken.

Bind tot slot de selderijblaadjes en het peterselietakje samen met keukentouw tot een geurig boeket.

Doe veel olie in een grote koekenpan. Voeg de uien, selderij en wortels toe (die je eerder opzij hebt gezet) en bak een paar minuten.

Voeg dan de stukjes vlees, een snufje zout en het bouquet garni toe. Roer en kook een paar minuten. Zet vervolgens het vuur lager en dek af met een deksel.

Laat minimaal 3 uur koken (voeg geen water of bouillon toe, want de uien laten al het vocht vrij dat nodig is om te voorkomen dat de bodem van de pan uitdroogt). Controleer van tijd tot tijd alles en meng.

Verwijder na 3 uur koken het bosje aromatische kruiden, zet het vuur iets hoger, voeg een deel van de wijn toe en meng.

Kook het vlees ongeveer een uur zonder deksel, roer regelmatig en voeg de wijn toe als de bodem van de pan is opgedroogd.

Neem nu een stuk vlees, snijd het in plakjes op een snijplank en leg apart. Hak de ziti en kook ze in kokend gezouten water.

Eenmaal gekookt, giet af en doe terug in de pan. Sprenkel er een paar eetlepels kookwater over en meng. Schik op een schaal en garneer met wat van de jus en het verkruimelde vlees (het vlees dat je apart hebt gehouden in stap 7). Voeg naar smaak peper en geraspte Parmezaanse kaas toe.

Voeding (per 100g): 450 calorieën 8 g vet 80 g koolhydraten 14,5 g eiwit 816 mg natrium

Napolitaanse bloemkoolpasta

Bereidingstijd: 15 minuten

Kooktijd: 35 minuten

Porties: 3

Moeilijkheidsgraad: gemiddeld

Ingrediënten:

- 10,5 ons Pasta
- 1 bloemkool
- 3,4 fl. 100 ml tomatenpuree
- 1 teentje knoflook
- 1 Spaanse peper
- 3 eetlepels extra vierge olijfolie (of theelepels)
- Zout naar smaak
- Peper naar behoefte

Indicaties:

Maak de bloemkool goed schoon: verwijder de buitenste bladeren en de steel. Snijd het in kleine bloemen.

Pel het teentje knoflook, hak het fijn en fruit het in een pan met de olie en chilipeper.

Voeg de tomatenpuree en de bloemkoolroosjes toe en laat ze een paar minuten bruin worden op matig vuur, bedek ze dan met een paar pollepels water en kook ze 15-20 minuten of in ieder geval tot de bloemkool romig begint te worden.

Als je ziet dat de bodem van de pan te droog is, voeg dan zoveel water toe als nodig is zodat het mengsel vloeibaar blijft.

Bedek nu de bloemkool met heet water en voeg, als het kookt, de pasta toe.

Kruid met peper en zout.

Voeding (per 100g): 458 calorieën 18 g vet 65 g koolhydraten 9 g eiwit 746 mg natrium

Pasta en Bonen Sinaasappel en Venkel

Bereidingstijd: 10 minuten

Kooktijd: 30 minuten

Porties: 5

Moeilijkheidsgraad: moeilijkheidsgraad

Ingrediënten:

- Extra vierge olijfolie - 1 eetl. plus extra's per portie
- Bacon - 2 oz, fijngehakt
- Ui - 1, fijngehakt
- Venkel - 1 bol, stengels weggegooid, bol gehalveerd, klokhuis verwijderd en fijngehakt
- Selderij - 1 rib, gehakt
- Knoflook - 2 teentjes, fijngehakt
- Ansjovisfilets - 3, gespoeld en gehakt
- Gehakte verse oregano - 1 eetl.
- Geraspte sinaasappelschil - 2 theel.
- Venkelzaadjes - ½ theel.
- Rode pepervlokken - ¼ theel.
- In blokjes gesneden tomaten - 1 blik (28 oz)
- Parmezaanse kaas - 1 korst, plus meer om te serveren
- Cannellinibonen - 1 blik (7 oz), afgespoeld
- Kippenbouillon - 2 1/2 kopjes
- Water - 2 1/2 kopjes
- Zout en peper

- Gerst - 1 kop
- Gehakte verse peterselie - ¼ kopje

Indicaties:

Verhit de olie in een Nederlandse oven op middelhoog vuur. Voeg het spek toe. Roerbak 3-5 minuten of tot ze bruin beginnen te worden. Roer de bleekselderij, venkel en ui erdoor en roerbak tot ze zacht zijn, ongeveer 5-7 minuten.

Meng de pepervlokken, venkelzaad, sinaasappelrasp, oregano, ansjovis en knoflook erdoor. Kook gedurende 1 minuut. Meng de tomaten en hun sap. Meng de Parmezaanse schil en de bonen.

Breng aan de kook en kook gedurende 10 minuten. Meng water, bouillon en 1 tl. zout. Breng het op hoog vuur aan de kook. Meng de pasta en kook al dente.

Haal van het vuur en verwijder de schil van de Parmezaanse kaas.

Roer de peterselie erdoor en breng op smaak met zout en peper. Giet er wat olijfolie over en besprenkel met geraspte Parmezaanse kaas. Dienen.

Voeding (per 100g): 502 calorieën 8,8 g vet 72,2 g koolhydraten 34,9 g eiwit 693 mg natrium

Citroenspaghetti

Bereidingstijd: 10 minuten

Kooktijd: 15 minuten

Porties: 6

Moeilijkheidsgraad: makkelijk

Ingrediënten:

- Extra vergine olijfolie - ½ kopje
- geraspte citroenschil - 2 theel.
- Citroensap - 1/3 kop
- Knoflook - 1 kruidnagel, fijngehakt voor paté
- Zout en peper
- Parmezaanse kaas - 2 oz, geraspt
- Spaghetti - 1 pond
- Gehakte verse basilicum - 6 el.

Indicaties:

Klop in een kom de knoflook, olie, citroenschil, sap, ½ tl. zout en ¼ tl. Peper. Voeg de Parmezaanse kaas toe en mix tot een romig geheel.

Kook ondertussen de pasta volgens de aanwijzingen op de verpakking. Giet af en houd ½ kopje van het kookvocht apart. Voeg het mengsel van olie en basilicum toe aan de pasta en roer om te combineren. Breng goed op smaak en voeg zo nodig het kookvocht toe. Dienen.

Voeding (per 100g): 398 calorieën 20,7 g vet 42,5 g koolhydraten 11,9 g eiwit 844 mg natrium

Kruidige Groente Couscous

Bereidingstijd: 10 minuten

Kooktijd: 20 minuten

Porties: 6

Moeilijkheidsgraad: moeilijk

Ingrediënten:

- Bloemkool - 1 kop, in roosjes van 2,5 cm gesneden
- Extra vierge olijfolie - 6 el. plus extra's per portie
- Zout en peper
- Couscous - 1 1/2 kopjes
- Courgette - 1, in stukjes van ½ inch gesneden
- Rode paprika - 1, gesteeld, gezaaid en in stukjes van ½ inch gesneden
- Knoflook - 4 teentjes, fijngehakt
- Ras el hanout - 2 theel.
- geraspte citroenschil -1 theel. meer partjes citroen om te serveren
- Kippenbouillon - 1 3/4 kopjes
- Gehakte verse marjolein - 1 eetl.

Indicaties:

Verhit in een koekenpan 2 el. olie op middelhoog vuur. Voeg bloemkool toe, ¾ theel. zout en ½ tl. Peper. Mengen. Bak tot de bloemen bruin worden en de randen net doorschijnend zijn.

Verwijder het deksel en kook al roerend gedurende 10 minuten of tot de roosjes goudbruin zijn. Doe over in een kom en maak de pan schoon. Verwarm 2 el. olie in de pan.

Voeg de couscous toe. Kook en blijf 3 tot 5 minuten roeren of tot de korrels bruin beginnen te worden. Doe over in een kom en maak de pan schoon. Verwarm de resterende 3 el. olie in de pan en voeg de paprika, courgette en 1/2 tl. zout. Kook gedurende 8 minuten.

Meng de citroenrasp, ras el hanout en knoflook. Kook tot geurig (ongeveer 30 seconden). Doe de bouillon erbij en laat sudderen. Voeg de couscous toe. Haal van het vuur en zet opzij tot ze gaar zijn.

Marjolein en bloemkool toevoegen; blader dan voorzichtig met een vork om op te nemen. Besprenkel met extra olie en kruid goed. Serveer met partjes citroen.

Voeding (per 100g): 787 calorieën 18,3 g vet 129,6 g koolhydraten 24,5 g eiwit 699 mg natrium

Gekruide Gebakken Rijst Met Venkel

Bereidingstijd: 10 minuten

Kooktijd: 45 minuten

Porties: 8

Moeilijkheidsgraad: gemiddeld

Ingrediënten:

- Zoete aardappelen - 1 1/2 pond, geschild en in stukjes van 1 inch gesneden
- Extra vierge olijfolie - ¼ kopje
- Zout en peper
- Venkel - 1 bol, fijngehakt
- Kleine ui - 1, fijngehakt
- Langkorrelige witte rijst - 1 1/2 kopjes, gespoeld
- Knoflook - 4 teentjes, fijngehakt
- Ras el hanout - 2 theel.
- Kippenbouillon - 2 kopjes
- Grote ontpitte groene olijven in pekel - ¾ kopje, gehalveerd
- Gehakte verse koriander - 2 el.
- Limoen partjes

Indicaties:

Plaats het ovenrek in het midden en verwarm de oven voor op 400F. Breng de aardappelen op smaak met ½ tl. zout en 2 eetl. olie.

Leg de aardappelen in een enkele laag op een omrande bakplaat en rooster ze 25 tot 30 minuten of tot ze gaar zijn. Roer halverwege de kooktijd de aardappelen erdoor.

Haal de aardappelen eruit en verlaag de oventemperatuur tot 350F. Verwarm in een Nederlandse oven de resterende 2 eetlepels. olie op middelhoog vuur.

Voeg de ui en venkel toe; kook dan 5 tot 7 minuten of tot ze zacht zijn. Voeg ras el hanout, knoflook en rijst toe. 3 minuten roerbakken.

Voeg de olijven en de bouillon toe en laat 10 minuten rusten. Voeg de aardappelen toe aan de rijst en vul voorzichtig met een vork om te mengen. Breng op smaak met peper en zout. Garneer met koriander en serveer met partjes limoen.

Voeding (per 100g): 207 calorieën 8,9 g vet 29,4 g koolhydraten 3,9 g eiwit 711 mg natrium

Marokkaanse couscous met kikkererwten

Bereidingstijd: 5 minuten
Kooktijd: 18 minuten
Porties: 6
Moeilijkheidsgraad: gemiddeld

Ingrediënten:

- Extra vierge olijfolie - ¼ kopje, extra om te serveren
- Couscous - 1 1/2 kopjes
- Fijn geschilde en gehakte wortelen - 2
- Fijngesneden ui - 1
- Zout en peper
- Knoflook - 3 teentjes, fijngehakt
- Gemalen koriander - 1 theel.
- Gemalen gember - theel.
- Gemalen anijszaad - ¼ theel.
- Kippenbouillon - 1 3/4 kopjes
- Kikkererwten - 1 blik (15 oz), afgespoeld
- Bevroren erwten - 1 1/2 kopjes
- Gehakte verse peterselie of koriander - ½ kopje
- partjes citroen

Indicaties:

Verwarm 2 el. olie in een koekenpan op middelhoog vuur. Roer de couscous erdoor en kook 3 tot 5 minuten of tot ze net bruin beginnen te worden. Doe over in een kom en maak de pan schoon.

Verwarm de resterende 2 eetlepels. olie in de pan en voeg de ui, wortels en 1 tl. zout. Kook gedurende 5-7 minuten. Meng het anijszaad, de gember, de koriander en de knoflook. Kook tot geurig (ongeveer 30 seconden).

Meng de kikkererwten en bouillon en breng aan de kook. Voeg de couscous en de doperwten toe. Dek af en haal van het vuur. Zet opzij tot de couscous zacht is.

Voeg de peterselie toe aan de couscous en draai met een vork om te combineren. Besprenkel met extra olie en kruid goed. Serveer met partjes citroen.

Voeding (per 100g): 649 calorieën 14,2 g vet 102,8 g koolhydraten 30,1 g eiwit 812 mg natrium

Vegetarische Paella Met Sperziebonen En Kikkererwten

Bereidingstijd: 10 minuten
Kooktijd: 35 minuten
Porties: 4
Moeilijkheidsgraad: makkelijk

Ingrediënten:

- Een snufje saffraan
- Groentebouillon - 3 kopjes
- Olijfolie - 1 eetl.
- Gele ui - 1 grote, in blokjes gesneden
- Knoflook - 4 teentjes, in plakjes
- Rode peper - 1, in blokjes gesneden
- Tomatenpuree - ¾ kopje, vers of ingeblikt
- Tomatenpuree - 2 el.
- Hete paprika - 1 ½ theel.
- Zout - 1 theelepel.
- versgemalen zwarte peper - ½ theel.
- Sperziebonen - 1 1/2 kopjes, geschild en gehalveerd
- Kikkererwten - 1 blik (15 oz), uitgelekt en afgespoeld
- Witte rijst met korte korrel - 1 kop
- Citroen - 1, in partjes gesneden

Indicaties:

Meng de saffraandraadjes met 3 el. warm water in een kleine kom. Breng het water in een pan op middelhoog vuur aan de kook. Zet het vuur lager en laat het sudderen.

Kook de olie in een pan op middelhoog vuur. Roer de ui erdoor en roerbak 5 minuten. Voeg de paprika en knoflook toe en roerbak 7 minuten of tot de paprika zacht is. Roer het saffraan-watermengsel, zout, peper, paprika, tomatenpuree en tomaten erdoor.

Voeg de rijst, kikkererwten en sperziebonen toe. Roer de hete bouillon erdoor en breng aan de kook. Zet het vuur lager en laat 20 minuten onafgedekt sudderen.

Serveer warm, gegarneerd met partjes citroen.

Voeding (per 100g): 709 calorieën 12 g vet 121 g koolhydraten 33 g eiwit 633 mg natrium

Knoflookgarnalen met tomaten en basilicum

Bereidingstijd: 10 minuten

Kooktijd: 10 minuten

Porties: 4

Moeilijkheidsgraad: makkelijk

Ingrediënten:

- Olijfolie - 2 el.
- Garnalen - 1 ¼ lbs, gepeld en schoongemaakt
- Knoflook - 3 teentjes, fijngehakt
- Gemalen rode pepervlokken - 1/8 theel.
- Droge witte wijn - ¾ kopje
- Druiventomaten - 1 1/2 kopjes
- Fijngehakte verse basilicum - ¼ kopje, plus meer voor garnering
- Zout - ¾ theel.
- Gemalen zwarte peper - ½ theel.

Indicaties:

Verhit de olie in een koekenpan op middelhoog vuur. Voeg de garnalen toe en kook 1 minuut of tot ze net gaar zijn. Breng over naar een bord.

Doe de rode pepervlokken en knoflook in de olie in de koekenpan en bak al roerend 30 seconden. Roer de wijn erdoor en kook tot deze voor ongeveer de helft is ingekookt.

Voeg de tomaten toe en roerbak tot de tomaten beginnen af te breken (ongeveer 3 tot 4 minuten). Roer de gereserveerde garnalen, zout, peper en basilicum erdoor. Kook 1 tot 2 minuten langer.

Serveer gegarneerd met de overgebleven basilicum.

Voeding (per 100g): 282 calorieën 10 g vet 7 g koolhydraten 33 g eiwit 593 mg natrium

Garnalen paella

Bereidingstijd: 10 minuten
Kooktijd: 25 minuten
Porties: 4
Moeilijkheidsgraad: gemiddeld

Ingrediënten:

- Olijfolie - 2 el.
- Middelgrote ui - 1, in blokjes gesneden
- Rode peper - 1, in blokjes gesneden
- Knoflook - 3 teentjes, fijngehakt
- Een snufje saffraan
- Hete paprika - ¼ theel.
- Zout - 1 theelepel.
- versgemalen zwarte peper - ½ theel.
- Kippenbouillon - 3 kopjes, verdeeld
- Witte rijst met korte korrel - 1 kop
- Gepelde en ongepelde grote garnalen - 1 lb
- Bevroren erwten - 1 kop, ontdooid

Indicaties:

Verhit de olijfolie in een pan. Roer de ui en paprika erdoor en roerbak 6 minuten of tot ze zacht zijn. Voeg zout, peper, paprikapoeder, saffraan en knoflook toe en meng. Roer 2 1/2 kopjes bouillon en rijst erdoor.

Laat het mengsel koken en laat sudderen tot de rijst gaar is, ongeveer 12 minuten. Schik de garnalen en erwten op de rijst en voeg de resterende ½ kopje bouillon toe.

Doe de deksel weer op de pan en kook tot alle garnalen net gaar zijn (ongeveer 5 minuten). Dienen.

Voeding (per 100g): 409 calorieën 10 g vet 51 g koolhydraten 25 g eiwit 693 mg natrium

Linzensalade met olijven, munt en fetakaas

Bereidingstijd: 60 minuten
Kooktijd: 60 minuten
Porties: 6
Moeilijkheidsgraad: gemiddeld

Ingrediënten:

- Zout en peper
- Franse linzen - 1 kopje, geplukt en gespoeld
- Knoflook - 5 teentjes, licht geplet en geschild
- Laurierblad - 1
- Extra vergine olijfolie - 5 eetl.
- Witte wijnazijn - 3 el.
- Ontpitte Kalamata-olijven - ½ kopje, gehakt
- Gehakte verse munt - ½ kopje
- Sjalotten - 1 grote, gehakt
- Fetakaas - 1 oz, verkruimeld

Indicaties:

Voeg 4 kopjes warm water en 1 theelepel toe. zout in een kom. Voeg de linzen toe en laat 1 uur weken op kamertemperatuur. Laat goed uitlekken.

Plaats het rek in het midden en verwarm de oven tot 325F. Combineer de linzen, 4 kopjes water, knoflook, laurier en 1/2 theelepel. zout in een pannetje. Dek af en plaats de braadpan in de oven en kook gedurende 40-60 minuten of tot de linzen zacht zijn.

Laat de linzen goed uitlekken, verwijder de knoflook en het laurierblad. Zeef de olie en azijn samen in een grote kom. Voeg de sjalotten, munt, olijven en linzen toe en roer om te combineren.

Breng op smaak met peper en zout. Leg netjes in de serveerschaal en garneer met feta. Dienen.

Voeding (per 100g): 249 calorieën 14,3 g vet 22,1 g koolhydraten 9,5 g eiwit 885 mg natrium

Kikkererwten Met Knoflook En Peterselie

Bereidingstijd: 5 minuten

Kooktijd: 20 minuten

Porties: 6

Moeilijkheidsgraad: gemiddeld

Ingrediënten:

- Extra vierge olijfolie - ¼ kopje
- Knoflook - 4 teentjes, in dunne plakjes gesneden
- Rode pepervlokken - 1/8 theel.
- Ui - 1, gehakt
- Zout en peper
- Kikkererwten - 2 blikken (15 oz), afgespoeld
- Kippenbouillon - 1 kop
- Gehakte verse peterselie - 2 el.
- Citroensap - 2 theel.

Indicaties:

Voeg in een koekenpan 3 el toe. Vet de knoflook en pepervlokken in en bak ze 3 minuten. Roer de ui en ¼ tl. voeg zout toe en kook 5-7 minuten.

Roer de kikkererwten en bouillon erdoor en breng aan de kook. Zet het vuur lager en laat 7 minuten sudderen, afgedekt.

Haal het deksel uit de pan en zet het vuur hoog en kook gedurende 3 minuten of tot alle vloeistof is verdampt. Zet opzij en meng het citroensap en de peterselie erdoor.

Breng op smaak met peper en zout. Breng op smaak met 1 eetl. vet en serveer.

Voeding (per 100g): 611 calorieën 17,6 g vet 89,5 g koolhydraten 28,7 g eiwit 789 mg natrium

Gestoofde kikkererwten met aubergines en tomaten

Bereidingstijd: 10 minuten

Kooktijd: 60 minuten

Porties: 6

Moeilijkheidsgraad: makkelijk

Ingrediënten:

- Extra vierge olijfolie - ¼ kopje
- Uien - 2, gehakt
- Groene paprika - 1, fijngehakt
- Zout en peper
- Knoflook - 3 teentjes, fijngehakt
- Gehakte verse oregano - 1 eetl.
- Laurierblaadjes - 2
- Aubergine - 1 pond, in stukjes van 1 inch gesneden
- Hele gepelde tomaten - 1 blik, uitgelekt met gereserveerd sap, gehakt
- Kikkererwten - 2 blikken (15 oz), uitgelekt met 1 kopje gereserveerde vloeistof

Indicaties:

Plaats het ovenrek in het midden onderaan en verwarm de oven tot 400F. Verhit de olie in de braadpan. Voeg paprika, uien, ½ theel. zout en ¼ tl. Peper. 5 minuten roerbakken.

Roer er 1 tl. oregano, knoflook en laurier en kook gedurende 30 seconden. Roer de tomaten, aubergine, het achtergehouden sap, de kikkererwten en het achtergehouden vocht erdoor en breng aan de kook. Zet de pan in de oven en bak, onafgedekt, gedurende 45 tot 60 minuten. Twee keer roeren.

Verwijder de laurierblaadjes. Roer de resterende 2 theelepels erdoor. oregano en breng op smaak met zout en peper. Dienen.

Voeding (per 100g): 642 calorieën 17,3 g vet 93,8 g koolhydraten 29,3 g eiwit 983 mg natrium

Griekse rijst met citroen

Bereidingstijd: 20 minuten

Kooktijd: 45 minuten

Porties: 6

Moeilijkheidsgraad: gemiddeld

Ingrediënten:

- Langkorrelige rijst - 2 kopjes, rauw (20 minuten geweekt in koud water, daarna uitgelekt)
- Extra vierge olijfolie - 3 eetl.
- Gele ui - 1 middelgrote, gehakt
- Knoflook - 1 kruidnagel, fijngehakt
- Orzo-pasta - ½ kopje
- Sap van 2 citroenen, plus schil van 1 citroen
- Natriumarme bouillon - 2 kopjes
- Snufje zout
- Gehakte peterselie - 1 grote handvol
- Dille wiet - 1 theel.

Indicaties:

Verhit in een pan 3 el. extra vergine olijfolie. Voeg de uien toe en roerbak 3-4 minuten. Voeg de orzo pasta en knoflook toe en roer om te combineren.

Voeg vervolgens de rijst toe om te coaten. Voeg de bouillon en het citroensap toe. Breng aan de kook en zet het vuur laag. Dek af en kook ongeveer 20 minuten.

Haal van het vuur. Dek af en zet 10 minuten opzij. Ontdek en voeg de citroenschil, dillekruid en peterselie toe. Dienen.

Voeding (per 100g): 145 calorieën 6,9 g vet 18,3 g koolhydraten 3,3 g eiwit 893 mg natrium

Rijst met aromatische kruiden

Bereidingstijd: 10 minuten

Kooktijd: 30 minuten

Porties: 4

Moeilijkheidsgraad: makkelijk

Ingrediënten:

- Extra vergine olijfolie - ½ kopje, verdeeld
- Grote teentjes knoflook - 5, gehakt
- Bruine jasmijnrijst - 2 kopjes
- Water - 4 kopjes
- Zeezout - 1 theel.
- Zwarte peper - 1 theel.
- Gehakte verse bieslook - 3 el.
- Gehakte verse peterselie - 2 el.
- Gehakte verse basilicum - 1 eetl.

Indicaties:

Voeg in een pan ¼ kopje olijfolie, de knoflook en de rijst toe. Roer en verwarm op middelhoog vuur. Meng het water, zeezout en zwarte peper. Meng dan opnieuw.

Breng aan de kook en zet het vuur laag. Sudderen, onbedekt, af en toe roeren.

Als het water bijna is opgenomen, roer je de resterende ¼ kopje olijfolie erdoor, samen met de basilicum, peterselie en bieslook.

Roer tot de kruiden zijn opgenomen en al het water is opgenomen.

Voeding (per 100g): 304 calorieën 25,8 g vet 19,3 g koolhydraten 2 g eiwit 874 mg natrium

Mediterrane rijstsalade

Bereidingstijd: 10 minuten

Kooktijd: 25 minuten

Porties: 4

Moeilijkheidsgraad: gemiddeld

Ingrediënten:

- Extra vergine olijfolie - ½ kopje, verdeeld
- Langkorrelige bruine rijst - 1 kop
- Water - 2 kopjes
- Vers citroensap - ¼ kopje
- Knoflookteen - 1, fijngehakt
- Gehakte verse rozemarijn - 1 theel.
- Gehakte verse munt - 1 theel.
- Witlof - 3, gehakt
- Rode peper - 1 middelgrote, gehakt
- Kaskomkommer - 1, gehakt
- Gehakte hele groene ui - ½ kopje
- Gehakte Kalamata-olijven - ½ kopje
- Rode pepervlokken - ¼ theel.
- Verkruimelde fetakaas - ¾ kopje
- Zeezout en zwarte peper

Indicaties:

Verhit ¼ kopje olijfolie, rijst en een snufje zout in een pan op laag vuur. Roer om de rijst te coaten. Voeg het water toe en laat sudderen tot het water is opgenomen. Af en toe roeren. Giet de rijst in een grote kom en laat afkoelen.

Meng in een andere kom de resterende ¼ kopje olijfolie, rode pepervlokken, olijven, groene ui, komkommer, paprika, andijvie, munt, rozemarijn, knoflook en citroensap.

Doe de rijst in het mengsel en roer om te mengen. Meng voorzichtig de fetakaas erdoor.

Proef en pas de smaak aan. Dienen.

Voeding (per 100g): 415 calorieën 34 g vet 28,3 g koolhydraten 7 g eiwit 4755 mg natrium

Verse Bonen En Tonijnsalade

Bereidingstijd: 5 minuten

Kooktijd: 20 minuten

Porties: 6

Moeilijkheidsgraad: makkelijk

Ingrediënten:

- Verse bonen (gepeld) - 2 kopjes
- Laurierblaadjes - 2
- Extra vierge olijfolie - 3 eetl.
- Rode wijnazijn - 1 eetl.
- Zout en zwarte peper
- Tonijn van de beste kwaliteit - 1 blik (6 oz), verpakt in olijfolie
- Gezouten kappertjes - 1 eetl. geweekt en gedroogd
- Fijngehakte bladpeterselie - 2 el.
- Rode ui - 1, in plakjes

Indicaties:

Kook licht gezouten water in een pan. Voeg bonen en laurierblaadjes toe; Kook vervolgens 15 tot 20 minuten of tot de bonen zacht maar nog steeds stevig zijn. Giet af, verwijder de aromaten en doe ze in een kom.

Breng de tuinbonen direct op smaak met azijn en olie. Voeg het zout en de zwarte peper toe. Meng goed en pas de kruiden aan. Laat de tonijn uitlekken en schep het tonijnvlees door de bonensalade. Voeg de peterselie en kappertjes toe. Roer om te mengen en strooi over de plakjes rode ui. Dienen.

Voeding (per 100g): 85 calorieën 7,1 g vet 4,7 g koolhydraten 1,8 g eiwit 863 mg natrium

Heerlijke Kippenpasta

Bereidingstijd: 10 minuten

Kooktijd: 17 minuten

Porties: 4

Moeilijkheidsgraad: makkelijk

Ingrediënten:

- 3 kipfilets, zonder vel, zonder bot, in stukjes gesneden
- 300 g volkoren pasta
- 1/2 kopje olijven, in plakjes
- 1/2 kopje zongedroogde tomaten
- 1 eetlepel geroosterde rode paprika, in stukjes gesneden
- 14 oz kan tomaat, in blokjes gesneden
- 2 kopjes marinarasaus
- 1 kopje kippenbouillon
- Peper
- zout

Indicaties:

Doe alle ingrediënten behalve de volkoren pasta in de Instant Pot.

Sluit het deksel en kook op hoog vuur gedurende 12 minuten.

Als je klaar bent, laat je de druk op natuurlijke wijze afnemen. Verwijder het deksel.

Voeg de pasta toe en meng goed. Sluit de pot opnieuw af en selecteer handmatig en stel de timer in op 5 minuten.

Als u klaar bent, laat u de druk gedurende 5 minuten ontsnappen en laat u de rest los met behulp van de snelspanner. Verwijder het deksel. Meng goed en serveer.

Voeding (per 100g): 615 calorieën 15,4 g vet 71 g koolhydraten 48 g eiwit 631 mg natrium

Mediterrane taco's

Bereidingstijd: 10 minuten

Kooktijd: 14 minuten

Porties: 8

Moeilijkheidsgraad: gemiddeld

Ingrediënten:

- 1 pond rundergehakt
- 8 ons cheddarkaas, versnipperd
- 14 oz kan rode bonen
- 2 ons taco-kruiden
- 16 ons saus
- 2 kopjes water
- 2 kopjes bruine rijst
- Peper
- zout

Indicaties:

Zet de Instant Pot in de sauteermodus.

Voeg het vlees toe aan de pan en bak tot het bruin is.

Voeg het water, bonen, rijst, tacokruiden, peper en zout toe en meng goed.

Werk af met de saus. Sluit het deksel en kook op hoog vuur gedurende 14 minuten.

Als u klaar bent, laat u de druk ontsnappen met behulp van de snelspanner. Verwijder het deksel.

Roer de cheddarkaas erdoor en roer tot de kaas gesmolten is.

Serveer en geniet.

Voeding (per 100g): 464 calorieën 15,3 g vet 48,9 g koolhydraten 32,2 g eiwit 612 mg natrium

Lekkere mac en kaas

Bereidingstijd: 10 minuten
Kooktijd: 10 minuten
Porties: 6
Moeilijkheidsgraad: makkelijk

Ingrediënten:

- 500 g volkoren elleboogpasta
- 4 kopjes water
- 1 kop in blokjes gesneden tomaat
- 1 theelepel gehakte knoflook
- 2 eetlepels olijfolie
- 1/4 kopje groene uien, gehakt
- 1/2 kopje geraspte Parmezaanse kaas
- 1/2 kopje geraspte mozzarella
- 1 kop cheddarkaas, geraspt
- 1/4 kopje puree
- 1 kopje ongezoete amandelmelk
- 1 kopje gemarineerde artisjokken, in blokjes
- 1/2 kopje zongedroogde tomaten, in plakjes
- 1/2 kopje olijven, in plakjes
- 1 theelepel zout

Indicaties:

Voeg de pasta, water, tomaten, knoflook, olie en zout toe aan de Instant Pot en meng goed. Bedek het deksel en kook op hoog vuur.

Als u klaar bent, laat u de druk een paar minuten ontsnappen en laat u vervolgens het residu los met behulp van de snelle dump. Verwijder het deksel.

Zet de pan op sauteermodus. Voeg de groene ui, Parmezaanse kaas, mozzarella, cheddarkaas, tomatensaus, amandelmelk, artisjokken, zongedroogde tomaten en olijven toe. Goed mengen.

Meng goed en kook tot de kaas is gesmolten.

Serveer en geniet.

Voeding (per 100g): 519 calorieën 17,1 g vet 66,5 g koolhydraten 25 g eiwit 588 mg natrium

Komkommer olijf rijst

Bereidingstijd: 10 minuten
Kooktijd: 10 minuten
Porties: 8
Moeilijkheidsgraad: gemiddeld

Ingrediënten:

- 2 kopjes rijst, afgespoeld
- 1/2 kopje ontpitte olijven
- 1 kopje komkommer, gehakt
- 1 eetlepel rode wijnazijn
- 1 theelepel geraspte citroenschil
- 1 eetlepel vers citroensap
- 2 eetlepels olijfolie
- 2 kopjes groentebouillon
- 1/2 theelepel gedroogde oregano
- 1 rode paprika, gehakt
- 1/2 kopje ui, fijngehakt
- 1 eetlepel olijfolie
- Peper
- zout

Indicaties:

Voeg de olie toe aan de Inner Pot van de Instant Pot en zet de pot in de sauteermodus. Voeg de ui toe en fruit 3 minuten. Voeg de paprika en oregano toe en bak 1 minuut mee.

Voeg de rijst en bouillon toe en meng goed. Sluit het deksel en kook op hoog vuur gedurende 6 minuten. Als u klaar bent, laat u de druk 10 minuten ontsnappen en laat u de rest ontsnappen met behulp van de snelspanner. Verwijder het deksel.

Voeg de andere ingrediënten toe en meng goed om te mengen. Serveer het meteen en geniet ervan.

Voeding (per 100g): 229 calorieën 5,1 g vet 40,2 g koolhydraten 4,9 g eiwit 210 mg natrium

Aromatische Kruiden Risotto

Bereidingstijd: 10 minuten

Kooktijd: 15 minuten

Porties: 4

Moeilijkheidsgraad: gemiddeld

Ingrediënten:

- 2 kopjes rijst
- 2 eetlepels geraspte Parmezaanse kaas
- 100 g room
- 1 eetlepel verse oregano, fijngehakt
- 1 eetlepel verse basilicum, gehakt
- 1/2 eetlepel salie, gehakt
- 1 ui, gesnipperd
- 2 eetlepels olijfolie
- 1 theelepel knoflook, gehakt
- 4 kopjes groentebouillon
- Peper
- zout

Indicaties:

Voeg de olie toe aan de binnenpan van de Instant Pot en klik de pot in de sauteermodus. Voeg de knoflook en ui toe aan de binnenpan van de Instant Pot en druk de pot aan om te sauteren. Voeg de knoflook en ui toe en bak 2-3 minuten.

Voeg de andere ingrediënten behalve de Parmezaanse kaas en de room toe en meng goed. Sluit het deksel en kook op hoog vuur gedurende 12 minuten.

Als u klaar bent, laat u de druk gedurende 10 minuten ontsnappen en laat u de rest los met behulp van de snelspanner. Verwijder het deksel. Meng de room en kaas en serveer.

Voeding (per 100g): 514 calorieën 17,6 g vet 79,4 g koolhydraten 8,8 g eiwit 488 mg natrium

Heerlijke Pasta Primavera

Bereidingstijd: 10 minuten

Kooktijd: 4 minuten

Porties: 4

Moeilijkheidsgraad: makkelijk

Ingrediënten:

- 250 g volkoren penne
- 1 eetlepel vers citroensap
- 2 eetlepels gehakte verse peterselie
- 1/4 kop geschaafde amandelen
- 1/4 kopje geraspte Parmezaanse kaas
- 14 oz kan tomaat, in blokjes gesneden
- 1/2 kop pruimen
- 1/2 kopje courgette, gehakt
- 1/2 kopje asperges
- 1/2 kopje wortelen, gehakt
- 1/2 kopje broccoli, gehakt
- 1 3/4 kopjes groentebouillon
- Peper
- zout

Indicaties:

Voeg bouillon, pars, tomaten, pruimen, courgette, asperges, wortelen en broccoli toe aan de Instant Pot en meng goed. Sluit en kook op hoog vuur gedurende 4 minuten. Als u klaar bent, laat u de druk ontsnappen met behulp van de snelspanner. Haal het deksel eraf. Meng de overige ingrediënten goed en serveer.

Voeding (per 100g): 303 calorieën 2,6 g vet 63,5 g koolhydraten 12,8 g eiwit 918 mg natrium

Pasta Geroosterde Paprika

Bereidingstijd: 10 minuten

Kooktijd: 13 minuten

Porties: 6

Moeilijkheidsgraad: gemiddeld

Ingrediënten:

- 1 pond volkoren penne pasta
- 1 eetlepel Italiaanse kruiden
- 4 kopjes groentebouillon
- 1 eetlepel knoflook, gehakt
- 1/2 ui, gesnipperd
- Geroosterde Rode Paprika's in 14oz Jar
- 1 kopje fetakaas, verkruimeld
- 1 eetlepel olijfolie
- Peper
- zout

Indicaties:

Voeg de geroosterde paprika toe aan de blender en mix tot een gladde massa. Voeg de olie toe aan de binnenpan van de Instant Pot en zet de kan in de sauteermodus. Voeg de knoflook en ui toe aan de binnenbeker van de Instant Pot en bak. Voeg de knoflook en ui toe en bak 2-3 minuten.

Voeg de geroosterde paprikapuree toe en bak 2 minuten mee.

Voeg de overige ingrediënten behalve de feta toe en meng goed. Sluit goed af en kook op hoog vuur gedurende 8 minuten. Als je klaar bent, laat je de druk 5 minuten op natuurlijke wijze ontsnappen en laat je de rest los met de snelspanner. Verwijder het deksel. Werk af met fetakaas en serveer.

Voeding (per 100g): 459 calorieën 10,6 g vet 68,1 g koolhydraten 21,3 g eiwit 724 mg natrium

Kaas Basilicum Tomaat Rijst

Bereidingstijd: 10 minuten
Kooktijd: 26 minuten
Porties: 8
Moeilijkheidsgraad: gemiddeld

Ingrediënten:

- 1 en een half kopje bruine rijst
- 1 kopje geraspte Parmezaanse kaas
- 1/4 kopje verse basilicum, gehakt
- 2 kopjes kerstomaatjes, gehalveerd
- 250 g tomatensaus
- 1 3/4 kop groentebouillon
- 1 eetlepel knoflook, gehakt
- 1/2 kop ui, in blokjes gesneden
- 1 eetlepel olijfolie
- Peper
- zout

Indicaties:

Voeg de olie toe aan de binnenkom van de Instant Pot en plaats de pan boven het roerbakken. Doe de knoflook en ui in de Inner Pot van de Instant Pot en plaats in de pan. Roer de knoflook en ui erdoor en bak 4 minuten. Voeg de rijst, tomatensaus, bouillon, peper en zout toe en meng goed.

Sluit af en kook op hoog vuur gedurende 22 minuten.

Als u klaar bent, laat u de druk 10 minuten ontsnappen en verwijdert u vervolgens het residu met behulp van de snelspanner. Verwijder de dop. Voeg de resterende ingrediënten toe en meng. Serveer en geniet.

Voeding (per 100g): 208 calorieën 5,6 g vet 32,1 g koolhydraten 8,3 g eiwit 863 mg natrium

Pasta met tonijn

Bereidingstijd: 10 minuten

Kooktijd: 8 minuten

Porties: 6

Moeilijkheidsgraad: gemiddeld

Ingrediënten:

- 10 oz uitgelekte tonijn
- 15 ons volkoren rotini pasta
- 100 g mozzarella, in blokjes
- 1/2 kopje geraspte Parmezaanse kaas
- 1 theelepel gedroogde basilicum
- 14 oz blik tomaat
- 4 kopjes groentebouillon
- 1 eetlepel knoflook, gehakt
- 8 oz champignons, in plakjes
- 2 courgettes, in plakjes
- 1 ui, gesnipperd
- 2 eetlepels olijfolie
- Peper
- zout

Indicaties:

Giet de olie in de binnenpan van de Instant Pot en druk de pan op het roerbakgerecht. Voeg de champignons, courgettes en ui toe en bak tot de ui zacht is. Voeg de knoflook toe en bak een minuut mee.

Voeg de pasta, basilicum, tonijn, tomaten en bouillon toe en meng goed. Sluit af en kook op hoog vuur gedurende 4 minuten. Als u klaar bent, laat u de druk gedurende 5 minuten ontsnappen en laat u de rest ontsnappen met behulp van de snelspanner. Verwijder het deksel. Voeg de andere ingrediënten toe en meng goed en serveer.

Voeding (per 100g): 346 calorieën 11,9 g vet 31,3 g koolhydraten 6,3 g eiwit 830 mg natrium

Gemengde Sandwiches Avocado en Turkije

Bereidingstijd: 5 minuten
Kooktijd: 8 minuten
Porties: 2
Moeilijkheidsgraad: makkelijk

Ingrediënten:

- 2 rode paprika's, geroosterd en in reepjes gesneden
- ¼ pond dun gesneden mesquite gerookte kalkoenfilet
- 1 kopje hele verse spinazieblaadjes, verdeeld
- 2 plakjes provolone
- 1 eetlepel olijfolie, verdeeld
- 2 rollen ciabatta
- ¼ kopje mayonaise
- ½ rijpe avocado

Indicaties:

Pureer in een kom de mayonaise en avocado goed door elkaar. Verwarm vervolgens de Panini pers voor.

Snijd de broodjes doormidden en verdeel de olijfolie over het brood. Vul vervolgens met de vulling en leg ze geleidelijk in laagjes: provola-kaas, kalkoenfilet, geroosterde paprika, spinazieblaadjes en verdeel het avocadomengsel en bedek met de andere snee brood.

Leg de tosti in de Panini pers en gril 5 tot 8 minuten tot de kaas is gesmolten en het brood krokant en gekreukt is.

Voeding (per 100g): 546 calorieën 34,8 g vet 31,9 g koolhydraten 27,8 g eiwit 582 mg natrium

Kip met komkommer en mango

Bereidingstijd: 5 minuten

Kooktijd: 20 minuten

Porties: 1

Moeilijkheidsgraad: moeilijk

Ingrediënten:

- ½ middelgrote komkommer in de lengte doorgesneden
- ½ rijpe mango
- 1 eetlepel saladedressing naar keuze
- 1 volkoren tortilla
- 1-inch dikke plak kipfilet van ongeveer 6 inch lang
- 2 eetlepels olie om in te bakken
- 2 eetlepels volkorenmeel
- 2-4 slablaadjes
- Zout en peper naar smaak

Indicaties:

Snijd een kipfilet in reepjes van 1 inch en kook in totaal alleen reepjes van 15 cm. Ze zouden zijn als twee reepjes kip. Bewaar overgebleven kip voor toekomstig gebruik.

Kruid de kip met peper en zout. Baggeren in volkorenmeel.

Plaats op middelhoog vuur een kleine koekenpan met anti-aanbaklaag en verwarm de olie. Zodra de olie heet is, voeg je de kipreepjes toe en bak je ze in ongeveer 5 minuten per kant goudbruin.

Terwijl de kip kookt, plaats je de tortilla wraps in de oven en bak je ze 3 tot 5 minuten. Zet dan opzij en doe over op een bord.

Snijd de komkommer in de lengte door, gebruik slechts de helft en bewaar de overige komkommer. Schil de in vieren gesneden komkommer en verwijder de pit. Leg de twee plakjes komkommer op de tortilla, 2,5 cm van de rand af.

Snijd de mango in plakjes en bewaar de andere helft met de pitjes. Schil de pitloze mango, snijd hem in reepjes en leg deze bovenop de komkommer op de tortilla.

Zodra de kip gaar is, leg je de kip naast de komkommer in de rij.

Voeg komkommerblad toe, besprenkel met saladedressing naar keuze.

Rol de tortilla op, serveer en geniet ervan.

Voeding (per 100g): 434 calorieën 10g vet 65g koolhydraten 21g eiwit 691mg natrium

Fattoush - brood uit het Midden-Oosten

Bereidingstijd: 10 minuten

Kooktijd: 15 minuten

Porties: 6

Moeilijkheidsgraad: moeilijk

Ingrediënten:

- 2 pitabroodjes
- 1 eetlepel extra vergine olijfolie
- 1/2 theelepel sumak, meer voor later
- Zout en peper
- 1 hart romaine sla
- 1 Engelse komkommer
- 5 Rome-tomaten
- 5 groene uien
- 5 radijzen
- 2 kopjes gehakte verse peterselieblaadjes
- 1 kopje gehakte verse muntblaadjes
- <u>Kruiden ingrediënten:</u>
- 1 1/2 limoen, sap van
- 1/3 kopje extra vergine olijfolie
- Zout en peper
- 1 theelepel gemalen sumak
- 1/4 theelepel gemalen kaneel
- weinig 1/4 theelepel gemalen piment

Indicaties:

Rooster het pitabroodje 5 minuten in de broodrooster. En breek dan het pitabroodje in stukjes.

Verhit in een grote koekenpan op middelhoog vuur 3 eetlepels olijfolie gedurende 3 minuten. Voeg het pitabroodje toe en bak al roerend in circa 4 minuten goudbruin.

Voeg zout, peper en 1/2 theelepel sumak toe. Zet de pitabroodjes opzij van het vuur en leg ze op absorberend papier om uit te lekken.

Meng in een grote slakom de gehakte sla, komkommer, tomaten, groene uien, gesneden radijs, muntblaadjes en peterselie goed.

Klop voor de limoenvinaigrette alle ingrediënten samen in een kleine kom.

Meng de dressing door de salade en meng goed. Voeg pitabrood toe.

Serveer en geniet.

Voeding (per 100g): 192 calorieën 13,8 g vet 16,1 g koolhydraten 3,9 g eiwit 655 mg natrium

Glutenvrije Knoflook & Tomaat Focaccia

Bereidingstijd: 5 minuten
Kooktijd: 20 minuten
Porties: 8
Moeilijkheidsgraad: moeilijk

Ingrediënten:

- 1 ei
- ½ theelepel citroensap
- 1 eetlepel honing
- 4 eetlepels olijfolie
- Een snufje suiker
- 1 ¼ kopje warm water
- 1 eetlepel actieve droge gist
- 2 theelepels gehakte rozemarijn
- 2 theelepels gehakte tijm
- 2 theelepels gehakte basilicum
- 2 teentjes knoflook, fijngehakt
- 1 ¼ theelepel zeezout
- 2 theelepels xanthaangom
- ½ kopje gierstmeel
- 1 kopje aardappelzetmeel, geen meel
- 1 kopje sorghummeel
- Glutenvrij maïsmeel om te bestuiven

Indicaties:

Zet de oven 5 minuten aan en zet hem dan uit terwijl u de ovendeur gesloten houdt.

Combineer warm water en een snufje suiker. Voeg de gist toe en meng voorzichtig. Laat 7 minuten inwerken.

Klop in een grote kom de kruiden, knoflook, zout, xanthaangom, zetmeel en bloem goed door elkaar. Zodra de gist is gerezen, giet je het in de bloemkom. Klop het ei, citroensap, honing en olijfolie los.

Meng goed en doe het in een goed ingevette vierkante pan, bestrooid met maïsmeel. Werk af met verse knoflook, andere kruiden en gesneden tomaten. Zet in de hete oven en laat een half uur rijzen.

Zet de oven aan op 375oF en na 20 minuten voorverwarmen. De focaccia is gaar als de bovenkant lichtbruin is. Haal uit de oven en bak onmiddellijk en laat afkoelen. Het moet warm worden geserveerd.

Voeding (per 100g): 251 calorieën 9 g vet 38,4 g koolhydraten 5,4 g eiwit 366 mg natrium

Gegrilde burger met champignons

Bereidingstijd: 15 minuten
Kooktijd: 10 minuten
Porties: 4
Moeilijkheidsgraad: gemiddeld

Ingrediënten:

- 2 slablaadjes, gehalveerd
- 4 plakjes rode ui
- 4 plakjes tomaat
- 4 volkoren broodjes, geroosterd
- 2 eetlepels olijfolie
- ¼ theelepel cayennepeper, optioneel
- 1 teentje knoflook, fijngehakt
- 1 eetlepel suiker
- ½ kopje water
- 1/3 kopje balsamicoazijn
- 4 grote portobello-champignondoppen, ongeveer 5 inch in diameter

Indicaties:

Verwijder de stelen van de champignons en veeg ze af met een vochtige doek. Breng over naar een ovenschaal met de kieuwen naar boven gericht.

Meng in een kom de olijfolie, cayennepeper, knoflook, suiker, water en azijn goed. Giet over de champignons en marineer de champignons minimaal een uur in de ref.

Als het uur bijna om is, verwarm je de grill voor op middelhoog vuur en vet je het rooster in.

Grill de champignons vijf minuten aan elke kant of tot ze gaar zijn. Vet de champignons in met de marinade zodat ze niet uitdrogen.

Om te assembleren, ½ broodje op een bord schikken, garneren met een uienwig, champignons, tomaat en een blaadje sla. Dek af met de andere bovenste helft van het broodje. Herhaal het proces met de resterende ingrediënten, serveer en geniet ervan.

Voeding (per 100g):244 calorieën 9,3 g vet 32 g koolhydraten 8,1 g eiwit 693 mg natrium

Mediterrane Baba Ghanoush

Bereidingstijd: 10 minuten

Kooktijd: 25 minuten

Porties: 4

Moeilijkheidsgraad: gemiddeld

Ingrediënten:

- 1 bol knoflook
- 1 rode paprika, gehalveerd en ontpit
- 1 eetlepel gehakte verse basilicum
- 1 eetlepel olijfolie
- 1 theelepel zwarte peper
- 2 aubergines, in de lengte doorgesneden
- 2 rondjes focaccia of pita
- Sap van 1 citroen

Indicaties:

Bestrijk de grill met kookspray en verwarm de grill voor op middelhoog vuur.

Snijd de bovenkant van de knoflookbol in plakjes en wikkel ze in folie. Plaats in het koelste deel van de grill en braad minstens 20 minuten. Leg de plakjes paprika en aubergine op het heetste deel van de grill. Raster voor beide zijden.

Als de bollen klaar zijn, pel je de gepofte knoflookschillen en doe je de gepelde knoflook in de keukenmachine. Voeg de olijfolie, peper, basilicum, citroensap, gegrilde rode paprika en gegrilde aubergine toe. Mix en giet in een kom.

Grill het brood minimaal 30 seconden per kant om het op te warmen. Serveer het brood met de gepureerde saus en eet smakelijk.

Voeding (per 100g): 231,6 calorieën 4,8 g vet 36,3 g koolhydraten 6,3 g eiwit 593 mg natrium

www.ingramcontent.com/pod-product-compliance
Lightning Source LLC
Chambersburg PA
CBHW070414120526
44590CB00014B/1398